多层次资本市场研究

2020 年第 3 辑　总第 5 辑

谢　庚　徐　明　主编

中国金融出版社

责任编辑：石　坚
责任校对：孙　蕊
责任印制：丁淮宾

图书在版编目（CIP）数据

多层次资本市场研究 . 2020 年 . 第 3 辑：总第 5 辑 / 谢庚，徐明主编 . —北京：中国金融出版社，2020. 10
ISBN 978 – 7 – 5220 – 0813 – 4

Ⅰ. ①多…　Ⅱ. ①谢…　②徐…　Ⅲ. ①资本市场—研究—中国　Ⅳ. ①F832. 51

中国版本图书馆 CIP 数据核字（2020）第 175534 号

多层次资本市场研究 . 2020 年第 3 辑
DUOCENGCI ZIBEN SHICHANG YANJIU. 2020 NIAN DI-SAN JI

出版
发行　中国金融出版社
社址　北京市丰台区益泽路 2 号
市场开发部　(010)66024766，63805472，63439533（传真）
网 上 书 店　http：//www. chinafph. com
(010)66024766，63372837（传真）
读者服务部　(010)66070833，62568380
邮编　100071
经销　新华书店
印刷　北京市松源印刷有限公司
尺寸　185 毫米 ×260 毫米
印张　11. 25
字数　181 千
版次　2020 年 10 月第 1 版
印次　2020 年 10 月第 1 次印刷
定价　48. 00 元
ISBN 978 – 7 – 5220 – 0813 – 4

编者按

市场微观结构一直是金融学研究的重要分支，既包括证券交易的市场架构、规则和制度，也包括市场交易工具的设计、影响等相关方面的研究。随着市场深化改革的进程加快，市场微观结构方面产生了一系列新问题、新趋势，对此展开有的放矢的研究，不仅拓宽了金融学研究的边界，更对政府规范和管理证券市场提供了有益的决策参考和理论依据，从而有利于资本市场发挥要素资源配置枢纽、政策传导枢纽、风险防范化解枢纽和预期引导枢纽等重要作用。本辑《多层次资本市场研究》集中收录了市场微观结构领域的研究，探索了结算机制、卖空机制、交易机制等多个维度的问题。

近年来，数字经济热潮兴起，以比特币为代表的加密数字资产，正在改变传统的支付方式、资产交易和清算流程。数字货币和数字证券是加密资产发展演进的最新里程碑，也为传统金融学市场微观结构研究带来了新的挑战。本辑“前沿研究”栏目发表了证监会市场监管一部副主任皮六一领衔撰写的《从加密资产到数字证券》，深入研究了数字证券的演进、数字证券的应用前景以及数字证券市场的构建，并基于境外市场实践梳理了数字证券的监管框架。

本辑“制度探索”栏目共收录三篇文章。清华大学国家金融研究院副院长王娴领衔撰写的《交易场所监管法规的变迁与股转系统的探索发展》，从“中关村试点”的提出与实施展开论述，结合不同历史背景下的监管逻辑和立法理念，对新三板市场的历史沿革做了系统梳理。完善风险管理工具，建立配套的监管手段和风险管控能力一直是我国资本市场改革的重要方向。基于此，《期货、期权与保险的风险管理功能比较及协同发展意义》一文就各种类型风险的管理工具的协同使用进行了研究，比较分析了期货、期权与保险在风险管理功能、适用场景等方面的异同，并提出了期货、期权与保险的交叉应用模式。《未盈利企业公开发行的风险因素与监管对策研究》从新三板存量挂牌公司数据入手，结合境内外市场未盈利企业上市的实践经验，对未来可能进入精选层的未盈利挂牌公司进行了“画像”，分析了其潜在风险，并从重点监管内容、监管方式两方面提出了防控建议。

本辑"专题集萃"栏目针对市场微观结构中的结算、卖空机制进行了探讨。《新三板市场后台结算体系的共性及特点》以中国结算的资金结算服务为切入点，归纳了沪深两所以及新三板结算体系的共性，分析了新三板市场结算体系的特点，并就完善新三板结算体系提出了相应的建议。《境外市场限制卖空措施及其效果评估》梳理了2008年国际金融危机以来境内外市场对卖空采取的限制措施，总结了卖空禁令效果评估的学术研究，以及监管机构和市场人士对卖空禁令的观点。

本辑"市场实践"栏目收录了来自中信证券、中泰证券、中信医疗基金的三篇分析文章。《以债券视角看实体融资的复苏路径》从债券角度观察和分析实体经济与小微融资的情况，研究建议创造性地开展直接融资和间接融资有效结合的金融工具，更有效地将资金直达实体层面。《应用RNIV框架计量我国新三板市场风险实践初探》以巴塞尔协议市场风险审查框架中的RNIV（Risk not in VaR）计量方法为研究对象，基于国际投行的实践，整理分析了RNIV定义、类型以及作用功效，并探索了将该方法在新三板市场风险计量实践中的应用。《医疗健康行业分析及对资本市场信息披露的启示》从医疗健康行业产业链格局及行业特点出发，分析各个细分领域的核心竞争优势、经营模式、业务方面的主要风险表现，并结合科创板已上市及入选新三板精选层的医疗健康企业披露信息，为资本市场上医疗健康领域的信息披露及持续监管提供了一定参考建议。

本辑"域外经验"栏目介绍了境外的做市制度以及退市制度。《做市商流动性供给与股票市场质量——基于纽约证券交易所的实证研究》利用纽约证券交易所的指定做市商，对不同流动性股票具有不同合约责任这一准自然实验，通过断点回归的方法研究了做市商义务与市场质量的因果关系。研究发现，更严格的做市义务要求有助于增加市场深度，缩小买卖差价，提高市场的价格发现效率。《境外资本市场主动退市制度研究》梳理分析了境外主要资本市场关于主动退市的成熟经验和制度安排，研究表明新三板可以借鉴境外经验，从决策机制、收购义务、信息披露等方面，将对异议股东保护的重点从对收购价格的事后规制转化为保证异议股东事前参与，层层缓释风险，进而把好新三板市场的"出口"关。

目　　录

【域外经验】

前沿研究

从加密资产到数字证券

皮六一* 薛中文**

摘 要： 近年来，数字经济热潮兴起，数字技术进入大规模商业应用，渗透到消费、生产的各个环节，数字经济正在深刻改变人类的生活。各国均将数字经济视为新的经济增长点。金融领域也感受到数字技术的巨大冲击，以比特币为代表的加密数字资产，正在企图彻底变革传统的支付方式、资产交易和清算流程。数字货币和数字证券是加密资产发展演进的最新里程碑。金融是实体经济的血脉，需要适应数字经济的发展，更要为之提供助力，发挥好资本市场的枢纽作用。数字证券是数字资本市场的核心要素，各国都高度关注，积极探索，涌现了一批实践案例。深入研究数字证券的演进、数字证券市场的构建、数字证券的监管框架，是推进数字证券市场建设、发展壮大数字经济的重要基础性工作。

关键词： 加密资产　数字证券　数字经济　数字证券监管

一、前言

发展数字经济对贯彻落实党中央、国务院决策部署，深化供给侧结构性改革，推动新旧动能接续转换，实现高质量发展，意义重大，机遇难得。党的十九大报告提出，中国要推动互联网、大数据、人工智能与实体经济深度融合，建设网络强国、数字中国、智慧社会。2019 年政府工作报告明确提出，中国要壮大数字经济。2019 年 6 月，在大阪 20 国集团（G20）峰会上，中国、美国、

* 皮六一，国际证监会组织二级市场监管委员会副主席（2018—2020），任职于中国证监会市场监管一部。

** 薛中文，任职于中国证券登记结算有限责任公司北京分公司发行人业务部。

日本等国领导人共同见证G20签署了“大阪数字经济宣言”，宣言提出，要加快数字技术的发展，并使数字经济能够成为新的经济增长点，提出要建设高数字化的“超智能社会”。习总书记指出，当前数字经济发展日新月异，深刻重塑世界经济和人类社会面貌。我们要营造公平、公正、非歧视的市场环境，不能关起门来搞发展，更不能人为干扰市场；要共同完善数据治理规则，确保数据的安全有序利用；要促进数字经济和实体经济融合发展，加强数字基础设施建设，促进互联互通；要提升数字经济包容性，弥合数字鸿沟。作为数字经济大国，中国愿积极参与国际合作，保持市场开放，实现互利共赢。

数字经济很快渗透到金融领域，数字金融近年来取得了较快发展，数字证券作为数字金融的核心要素，也日益受到人们的关注。关于证券的定义有很多种。马克思认为，作为虚拟资本的一种，证券本质上就是一种“索取权或权利证书”（“所有这些证券实际上都只是代表已积累的对于未来生产的索取权或权利证书”①）。马克思说：“这些证券，即使是对收益的可靠支取凭证（如国债券），或者是现实资本的所有权证书（如股票），它们所代表的资本的货币价值也完全是虚拟的，是不以它们至少部分地代表的现实资本的价值为转移的；既然它们只是代表取得收益的要求权，并不是代表资本，那么取得同一收益的要求权就会表现在不断变动的虚拟货币资本上。”② 从1894年《资本论》第三卷发表至今，126年过去了，证券市场已经成为全球经济和政治生活的重要组成部分，证券的范围也日益丰富，在传统的国债、股票（普通股和优先股）基础上，扩展到债务工具、石油天然气或其他矿产权、投资合同、保险产品、银行产品、雇员福利计划、信托证书、存托凭证、担保证书、认股权证、期权和期货等多个领域。究其实质，仍然是马克思所定义的索取权或权利证书。在数字经济时代，数字证券就是以数字形式存在的证券，既包括传统证券的数字化，也包括数字资产的证券化。

二、加密资产的兴起与演进

（一）加密资产的起源

2008年爆发了国际金融危机，2008年11月1日，一个自称中本聪（Sa-

---

① 参见马克思．资本论第三卷［M］．中共中央马克思恩格斯列宁斯大林著作编译局译．北京：人民出版社，2008。

② 同注①。

toshi Nakamoto）的人在 P2P Foundation 网站上发布了比特币白皮书《比特币：一种点对点的电子现金系统》①，陈述了他对电子货币的新设想，比特币就此面世。2009 年 1 月 3 日，比特币创世区块诞生。比特币从产生起就饱受争议，而其所带来的支付方式、资产交易与清算革命，也成为近年来的热门话题。

随着比特币、以太币等在全球的风靡，加密资产成为当今世界的热门领域。加密资产（Crypto - assets）是基于分布式记账技术（Distributed Ledger Technology，DLT）的一种新兴的资产类别，它是去中心化的，不依赖于受信任的第三方，网络中的节点可以分布在世界各地，共同维护着相同的账本，在跨境支付、交易透明度、安全性方面较传统的金融模式有一定的优势。关于加密资产的争论从未停止过，有人认为加密资产使传统金融脱媒，引领技术创新和变革，还有人认为加密资产中的欺诈行为造成金融经济体系的不稳定。加密资产已经在世界范围内有了一定的接受度，日益受到各监管辖区的监管机构及相关国际组织的关注。国际货币基金组织（IMF）总裁克里斯蒂娜·拉加德（Christine Lagarde）认为②，加密资产的优势主要体现在如下几点：一是加密资产实现了价值的低摩擦流动。加密资产是全球化的，相较于传统的资产，加密资产的跨境转移效率更高。二是加密资产可实现快速且廉价的金融交易。传统支付框架下历时几天的跨境交易对于加密资产交易框架只需数小时即可。分布式记账技术和智能合约将减少对部分中介的依赖，降低交易成本。三是加密资产驱动的去中心化应用（Decentralized App，Dapp）将实现金融多样化，在中心化和去中心化服务供应商之间寻求绝佳的平衡，从而创造一个更加高效且稳健的金融生态。

（二）加密资产的定义

通俗地讲，加密资产是一种建立在区块链技术上的价值的数字化表现，主要表现为我们所熟知的代币（Token），也有人将其称为加密货币（Cryptocurrency）、币（Coin）等。目前，在世界范围内还没有关于加密资产的权威、统一的定义。金融稳定委员会（Financial Stability Board，FSB）于 2018 年 10 月发布了《加密资产：对未来金融稳定的潜在影响报告》（*Crypto - asset Markets*：

① 参见 https：//bitcoin. org/en/bitcoin - paper。

② 参见 https：//blogs. imf. org/2018/04/16/an - even - handed - approach - to - crypto - assets/。

Potential Channels for Future Financial Stability Implications）[①]。该报告认为，加密资产是指部分内在或外在价值主要依赖于加密、分布式记账或类似技术的私有资产。此外，英国金融行为监管局（Financial Conduct Authority，FCA）在2019年1月发表了加密资产咨询文件[②]，认为“加密资产是由加密技术保证的价值或合约权利的数字表现，它通过分布式记账技术来实现，可以进行电子化储存、转让和交易”。2017年2月，国际证监会组织（International Organization of Securities Commissions，IOSCO）发布了《IOSCO金融科技研究报告》（*IOSCO Research Report on Financial Technologies*）[③]，讨论了分布式记账技术、资产代币化、法币代币化的影响，认为“代币化（Tokenization）是指对资产或资产所有权进行电子化的过程，这种资产可以是货币、商品、证券或财产等，某些数字或加密资产代表的就是某种资产的所有权，另一些数字或加密资产代表的是平台使用权利，并不代表任何有形的东西”。中国人民银行发布的《中国金融稳定报告（2018）》指出，加密资产是一种民间金融资产，其价值主要基于密码学及分布式记账等技术。加密资产不由货币当局发行，不具有法偿性与强制性等货币属性，不具有与法定货币等同的法律地位。

全球监管机构正在审查有关加密资产交易的问题，包括资产是否符合证券或其他金融工具的定义，是否纳入监管范畴、纳入监管后如何解决加密资产发行、交易和加密资产交易平台等相关问题。

（三）加密资产的分类

加密资产一般是与去中心化的服务和应用、“加密资产网络社区”相关联的，记录在分布式账本中、去中介化的电子资产。加密资产的发行结构、定价以及分销均不涉及传统的受监管的金融媒介（如投资银行）。它种类繁多，且同一种加密资产在不同国家的分类也不尽相同。总体来说，加密资产可以按照如下两个主流的维度进行分类：一是功能性分类，即强调加密资产的功能和经济内涵。二是法律性分类，强调加密资产的特殊性质（如分布式特点）以及特定的司法辖区中关于“证券”的定义。此外，也可以从加密资产的会计属性出发，将加密资产区分为债务型工具和股权型工具，这种方法在处理相关会计、

① 参见 http：//www. fsb. org/wp – content/uploads/P101018. pdf。
② 参见 https：//www. fca. org. uk/publication/consultation/cp19 – 03. pdf。
③ 参见 https：//www. iosco. org/library/pubdocs/pdf/IOSCOPD554. pdf。

财务以及法律问题（分红、管理者债务等）时较为便利。以下详细说明这几种分类方式。

1. 功能性分类

加密资产的功能不尽相同。接受度较高的分类来源于瑞士金融市场监管局（Swiss Financial Market Supervisory Authority，FINMA）2018 年 2 月在《关于首次代币发行的监管框架咨询指引》（*Guidelines for Enquiries Regarding the Regulatory Framework for Initial Coin Offering*）① 中的分类，其将加密资产分为：支付类、效用类、资产类。这些分类不是互斥的，也存在兼具以上功能的混合类加密资产（Hybrid Token），混合类加密资产必须同时满足各个类别资产的监管要求。加密资产的功能性分类有利于明确加密资产的特点、本质及经济内涵，有利于据此作出监管假设。

支付类代币（Payment Token）即加密货币，本质上是为获得商品、服务而采用的支付方法，作为货币或价值转移的具体形式，典型的例子是比特币。这类代币仅用于支付，如可以用支付类代币参与首次代币发行（Initial Coin Offering，ICO）认购，支付类代币的购买能力取决于市场对该代币的接受程度。

效用类代币（Utility Token）可以提供对特定应用或服务的电子访问。发行主体一般是主打技术产品研发和生产的企业，从财务和会计的角度来看，这种代币代表着持有者对发行方未来产品及服务的购买权。

资产类代币（Asset Token）代表着现实世界一定数额的实物、金融资产，或一定的收益流，如自然资产、证券、股权、债权或其他衍生品或收益权，这些底层资产可以使加密资产持有者参与企业的实际运营、参与企业分红或利息偿付等。

2. 法律分类

从法律的角度，将加密资产划分为证券类和非证券类，具体的划分依据涉及不同监管辖区对“证券”的定义，需要综合考虑多种因素，如加密资产的结构、功能、分销方式等。如果既有的监管体系将加密资产划入证券的范畴，那么加密资产的发行就应当符合现行《证券法》规定，反之则属于“非证券类代币”，不必遵循现有《证券法》规定。

---

① 参见 https：//www. finma. ch/en/ ~/media/finma/dokumente/dokumentencenter/myfinma/1bewilligung/fintech/wegletung – ico. pdf。

加密资产的功能性分类和法律分类并非是可以一一对应的。一方面，加密资产的功能性特点一定程度上可以影响其法律本质。例如，单从经济内涵上来看，功能性分类中的某些“资产类代币”可以类比债券和股票，对应于法律分类中的“证券类加密资产”。另一方面，在一些特殊情形下，加密资产的法律本质是由非功能性特点决定的。“支付类代币”“效用类代币”虽然经济内涵与证券相差较远，也并非就完全不能划入“证券”的概念。比如，美国的Munchee[①]公司发行的加密资产赋予持有者购买相应的商品或服务的权利，功能上属于效用类代币，但是美国证券与交易委员会（美国证监会，Securities and Exchange Commission，SEC）经过调查认为，该加密资产在二级市场的交易过程中有增值和投机的可能，符合证券的交易特征，且已满足美国的证券认定标准——豪威测试（Howey Test）的相关条件，应当被认定为证券。因此，对加密资产的法律分类进行认定时，不仅需要对代币本身的功能性特点进行分析，还需要结合特定监管辖区的认定要件，对后续的发行、交易等环境做必要的考量。

（四）加密资产的来源

加密资产主要来源于两种途径：一种是资产的数字化，这种途径产生的数字资产根本上来源于现实世界的存量资产，如现实世界中已经发行的证券、货币，已经开采的金矿等，这种数字资产不再拘泥于其现实世界的具体实物形式，都变成标准化的数字形式，具有更强的可分割性和流动性，它借助当今的科学技术成果，如区块链、加密技术等，保证原生数据的可信性，将价值予以数字化，促进了资源的合理配置。另一种加密资产的来源是挖矿，这种途径创造了新的资产，如比特币挖矿获得的出块奖励，就属于通过这种途径获取的数字资产，这也是比特币内嵌在代码里的发行机制。

（五）加密资产的发展演进

从中本聪发明第一枚比特币开始，加密资产依托于现有的各类技术，已不再局限于充当支付手段，其功能进一步扩展，有了长足的发展和进步。总体经

① Munchee是一家注册在加利福尼亚的企业，计划募集1500万美元用于改善其iPhone手机应用，这个手机应用主要是对餐厅用餐进行点评。它力图建立一种“生态系统”，在这个生态系统内，Munchee和其他公司之间可以用代币买卖商品和服务。Munchee在官网上发布了白皮书，公布了募集资金的使用流程，包括向写点评的用户支付代币等。SEC对其涉嫌违反联邦证券条例进行调查，2017年，Munchee公司被要求停止发行。具体执法观点参见www.sec.gov/news/press-release/2017-227。

过如下阶段。

1. 第一阶段：作为支付手段的加密资产。该阶段的典型代表就是比特币，支付类加密资产突破了传统支付工具的各类限制，主要用于线上支付并逐步拓展至线下的商业场景。支付类加密资产发展较快，已经有很多案例，但监管立法却相对滞后，属于实践走在立法前的阶段。

2. 第二阶段：代表一定资产、收益流要求权的权益类加密资产。从法律角度来看，效用类加密资产代表对发行人未来产品及服务的要求权，属于一种债务关系，资产类加密资产代表现实世界既有法律关系下的财产权利。这两类加密资产都代表持有者对发行人的权益，属于权益类加密资产。例如，在效用类加密资产方面，Filecoin 是 2017 年最受欢迎的 ICO 之一。Filecoin① 是一个分散的存储网络，它把云存储变成一个算法市场。市场运行在区块链上，有一个本地协议代币（Filecoin），通过向客户提供存储来获取这些数据。在资产类加密资产方面，Fat Brands 在以太坊上以其旗下 8 个品牌的 400 家快餐连锁店的特许经营收入为支撑，发行加密资产，募集资金约 4000 万美元②。伴随权益类加密资产的迅速发展，各监管辖区已有先行的立法落地。

3. 第三阶段：数字货币及数字证券。该阶段支付类加密资产和权益类加密资产的立法逐步完善，出现了监管更加完善、运行更加有效的数字货币和数字证券。例如，在数字货币方面，美国的 Facebook 公司推出了 Libra 币③，是一种新兴的加密货币，以单一法币作为储备资产，可以用于支付和跨境汇款。目前，Visa、Mastercard、Paypal、Uber 等大机构也已参与其中。在数字证券方面，Blockstack 公司发行了 2800 万美元的数字证券，募集资金用于开发去中心化互联网协议和相关开发工具，目前，该数字证券已经通过了美国证监会的批准，符合美国 Reg A + 条款④。随着技术的发展和监管法规的日益完善，各监管辖区对加密资产的认知也由无到有，由模糊不清到逐步清晰，有利于全市场、全行业的规范有序运营。

---

① 参见 https：//filecoin. io/filecoin. pdf。

② 参见本次发行的评级机构晨星评级的预售报告，https：//www. dbrsmorningstar. com/research/355841/fat – brands – royalty – i – llc – presale – report。

③ 参见 https：//libra. org/en – US/white – paper/。

④ 参见 https：//blog. blockstack. org/sec – annual – report/，相关新闻参见 https：//www. 8btc. com/p/Blockstack。

三、数字证券

（一）ICO与权益类加密资产

任何既有资产和未来资产、服务的要求权，只要可以转变为电子形式，理论上都是可以在区块链上进行登记转让的。区块链是识别、登记、交易、监测资产的有效媒介。ICO是很多公司，尤其是科技型初创公司重要的募资手段，它通过发行和交易的加密资产，改变了传统的融资方式。2018年共募集资金逾210亿美元，规模远超过其他风险投资。然而，ICO的发展也引来很多质疑：一是ICO缺乏对投资者的保护，2017年，逾半数以上的ICO项目都是骗局，且没有任何现有的立法框架保护ICO认购者的合法权益。二是ICO给监管带来巨大的压力。2018年，ICO市场的乱象引起各国监管机构的关注。各国对ICO的反应不尽相同，个中原因包括：一是ICO底层的区块链技术比较复杂，各国监管机构对背后技术的认知深度还存在差异，监管者只有深入理解相关技术后才能进一步考虑监管框架适用。二是ICO依赖于新兴的去中心化的电子计算机网络，不通过传统的交易所或经纪商途径，金融脱媒化严重，监管框架也无先例可循。鉴于对ICO的研究还需不断深化，且ICO市场上的欺诈行为严重损害了投资者的合法权益，很多国家对ICO明令禁止，如俄罗斯、印度、印度尼西亚等。

（二）STO与数字证券

在ICO的发展已经引起各监管辖区关注，且其造成的损害投资者利益的事件日益增多的情况下，更多的发行人正在寻求一种更为合规、安全、高效的融资方式。数字证券发行（Security Token Offering，STO）是通过ICO的业务模式发行证券化数字资产的融资方式。相较于ICO，STO的发行标的更为明确，既能保证融资的快捷性、有效性，还能保护投资者的合法权益不受侵害。数字证券将纳入现有的立法框架，涵盖资产来源、发行、交易清算、监管等一整套体系。

STO的标的资产较为广泛，对于那些信息披露不完备、透明度低、市场流动性低、用户触达性低的资产，都可以作为数字证券的标的。目前，已有的数字证券的标的资产有房地产，如美国科罗拉多州St. Regis Aspen度假酒店的代币化项目[①]，St. Regis Aspen的持有者创建了一个名为Aspen Digital的单一资产

① 参见http：//www.elecfans.com/blockchain/926568.html。

房地产投资信托基金（REITs），该信托基金以 Aspen 数字代币的形式出售代币化股权，被称为 Aspen Coin 的代币，代表没有投票权的普通股。同时，私募股权也正在代币化，如移动互联网平台的博彩项目 Lottery. com 发行了数字证券，计划采用区块链技术，改善其支付、透明度、灵活性和在国际市场的扩展性等①。此外，如 Cadence 的债权代币化项目、Blockchain Capital SPiCE VC 的代币化基金项目等也层出不穷，如果仅将上述传统资产的百分之一进行代币化，那么涉及资产达到 1100 万亿美元，市场体量巨大②。

数字证券是指按照现行《证券法》的规定，由监管者比照证券监管框架进行监管的投资品种。数字证券通过相应的身份核验和发行监管，从源头上制止诈骗行为的发生。此外，数字证券还有很多优势，如数字证券改善了交易和治理功能，通过可编程证券，可以进行结算验证、股权结构自动更新、股利自动派发、链上自动投票等，提升了交易性能。此外，数字证券基于区块链技术，可以更好地收集和验证关于市场行为的数据，提高数据的透明度，有利于投资者据此作出理性的决策。基于区块链的交易平台可以跨地区将买方与卖方全天候地联系在一起，不同交易平台之间买卖数字证券也更加便利，提升了市场的深度。数字证券对资产所有权进行了更加细粒度的分割，有利于更多投资者的参与。随着合规的自动化，发行人将会以更低的成本对交易和股东进行管理。总而言之，数字证券兼顾了投资者保护、高效交易和降低成本快捷融资的要求。

（三）数字证券的认定

通过 STO 发行的加密资产能否视作“证券”，取决于特定加密资产是否符合某监管辖区的证券定义。从世界各国的立法实践来看，对证券的认定主要分为两类：一类是列举式，另一类是功能性定义。

1. 列举式。即法律提供封闭式的证券清单目录，凡是在目录中的品种都属于证券。美国《1933 年证券法》规定，“证券”是指任何票据、股票、库存股票、债券、公司信用债券、债务凭证、盈利分享协议下的权益证书或参与证书、以证券做抵押的信用证书，组建前证书或认购书、可转让股票、投资合约、股权信托证，证券存款单、石油、煤气或其他矿产小额利息滚存权，或一

① 参见 https：//sto. lottery. com/。

② 参见加密金融实验室，《数字证券（STO）研究报告 2019》。

般来说，被普遍认为是“证券”的任何权益和票据，或上述任一种证券的权益或参与证书、暂时或临时证书、收据、担保证书，或认股证书或订购权或购买权。日本在《金融工具和交易法案》（*Financial Instruments and Exchange Act*）中规定，“证券”是指国家政府债券、市政债券、认股权证、特殊目的信托受益权、优先股等共计21项产品。

数字证券产生后，由于是新形式的资产品种，所以不在现有的证券清单目录中，2019年3月15日，日本金融厅（Financial Service Agency，FSA）向议会提交了虚拟资产监管系列法律的修订案，涉及法律包括《支付服务法案》（*Payment Service Act*）、《金融工具和交易法案》等，本次法律修订对特定加密资产类别进行了专门规制，《金融工具和交易法案》的监管范围新增了一种新的资产类别——电子化记录可转让权益（Electronically Recorded Transferrable Rights，ERTR），ERTR是通过电子数据处理系统转让的专有价值所代表的权益①，在区块链上进行转让的数字证券就属于此类别。同时，明确“效用类加密资产”仍然归《支付服务法案》监管。日本通过在所列举的证券目录中增加新的证券类别，完善了对数字证券的监管②。

2. 功能性定义。即规定了证券的相关功能特点，凡是满足相关功能性要件的都将被认定为证券。以下为几个典型国家的功能性定义。

（1）侧重于投资品的运行模式。比较典型的是美国比较著名的豪威测试（Howey Test）。美国联邦层面的证券法规是《1933年证券法》和《1934年证券交易法》，均对证券作出明确定义。这个定义采用列举的方法，列出包括股票、债券等传统证券在内的证券类别，但是其中还包含一个表述相对笼统的类别——投资合约（Investment Contract），这个资产类别并没有在《1933年证券法》和《1934年证券交易法》中展开解释。由于加密资产不属于证券定义中列举的传统的证券类别，投资者在认购加密资产时往往会签订一份协议③，所以该协议是否属于证券定义中的投资合约，对于认定加密资产是否属于证券尤为重要。

---

① ERTR是集合投资计划权益（Collective Investment Scheme Interests，CISI）的一种。

② 法律修订详情参见https：//www. noandt. com/data/book/index/id/18574/。

③ 例如，投资者在参与代币预售的过程中会签署简单未来协议（Simple Agreement for Future Tokens，SAFT）。

豪威测试是 1946 年美国最高法院在一项判决（SEC v. W. J. Howey Co. 1946）[①] 中采用的对投资合约是否属于证券的一种认定方法，符合该认定标准的投资合约属于证券，应当遵守美国《1933 年证券法》和《1934 年证券交易法》的相关规定，该测试方法在之后的很多案例中被援引，各个主体对该资产条目的认定方法进行了旷日持久的不断演绎，使豪威测试成为判断一些不符合传统证券特征的特定的“另类投资”是否属于证券的接受度较广的认定方法。

根据豪威测试，如果一项投资合约满足证券的定义，则需要同时符合四个条件：一是需要涉及金钱的投资。二是该投资有望产生利润（Profit）回馈。三是投资标的是一项共同事业（Common Enterprise）。四是利润需要来源于毋庸置疑有显著影响（Undeniable Significant）的相关主体的努力。

豪威测试设定这些构成要件有一定的原因，背后隐含的政策依据是“保护投资者的合法权益”。例如，构成要件四是为了确定对投资合约法律上的责任主体，如果利润并非来源于某相关主体的努力的话，那么在落实证券披露义务时，就无法找到信息披露义务人，信息披露就成为一纸空文；构成要件三之所以提到“共同事业”，是因为美国最高院认为在“共同事业”场景中，由于个体尽职调查和沟通成本的存在，单个个体不能也没有动力通过与其他个体的协调来获取必要的信息，个体也无法组织集体与项目推广者进行谈判，因此投资者只能完全依赖项目推广者来获得利润，推广者在项目中具有举足轻重的作用，他与投资者之间存在力量的不均衡和信息的不对称现象，在这种情况下，将投资合约界定为证券有利于美国的《证券法》弥补这项力量悬殊造成的缺陷，便于投资者更好地定价评估投资机会，保护投资者的合法权益。

关于豪威测试在加密资产方面的适用已有先例，并在加密资产领域有了新的变化形式。例如，2018 年 7 月 14 日，美国证监会公司金融部负责人威廉希曼（William Hinman）就以太币是否属于数字证券发表演讲，他认为以太币已经“充分地去中心化”（Sufficiently Decentralized），不构成证券。背后的逻辑是在去中心化的背景下，以太币的认购者不能指望任何一方履行实质性的管理

① 在 1946 年的案例中，被告是两家佛罗里达的公司，它们拟定了一种房产合同，此合同向买家出售农场土地，并允许买家有向被告进行回售的权利，回售后被告则可以继续经营农场，买家则享有农场经营的收益。绝大多数买家并不是农民，所以选择了回售。随后，美国证监会起诉了这两家公司，认为该回售协议构成一项投资协议，该投资协议属于《证券法》定义的证券的范畴。随后，法庭使用了具有里程碑意义的“豪威测试”标准来判断特定协议是否构成证券。

和治理责任，因此不满足豪威测试的第四个构成要件。威廉希曼在豪威测试的基础上，衍生出数字证券认定的“希曼代币标准”（The Hinman Token Standard）：一是是否存在个人或组织赞助或促进电子资产的创设或销售，对代币的增值和保管是否发挥了显著的影响；二是《证券法》的相关保护条款是否适用，是否存在相关个人或实体在该事业盈利过程中发挥显著作用，信息不对称在潜在的投资者和推广者之间是否存在；三是是否有除推广者以外的其他实体或个人在实施管理权力或施加其他重要影响。

（2）侧重于投资品的内嵌权利。该认定方法的理念是证券天然代表着对某实物资产或实体的权利，因此凡是内嵌相关收入、财产要求权的投资品都应当归入证券的范畴。例如，英国在《监管活动法令》（*Regulated Activities Order*，RAO）中对证券通过列举法进行了界定，加密资产凡是满足《监管活动法令》中列明的证券种类的，就应当归入数字证券的范围，但是面临加密资产的复杂特征，很多加密资产很难明确划入某类现有的证券类别，2019 年 1 月，FCA 发布的《加密资产指南》（*Guidance on Crypto – assets*）咨询文件[①]对证券进行了功能性描述：一般而言，证券是指某实体的所有权、债权和与利润及所有权相关联的其他权利的凭证，在具体操作中，该咨询文件认为应当考虑加密资产持有者的合约权利和责任，这些具体权利包括：是否有诸如分红派息等收入、是否被赋予相关发行人的财产的所有权或控制权等（如是否有投票权），该咨询文件还称，在判断某加密资产是否属于数字证券时，应当关注其经济实质，推介材料中的相关表述仅供参考，如即便某加密资产是效用类代币，但是如果满足证券所内嵌的相关权利义务的话，仍然要被认定为数字证券。此外，还需关注加密资产是否可以通过相关交易所进行转让或交易，是否有来自发行人或关联方的现金流入等，如果该现金流入是合约规定的权利，那么无论该现金流入是直接还是间接来源于发行人，该加密资产都将在很大概率上属于数字证券。

（3）侧重于投资品的二级市场特点。该认定方法认为，在判断某投资品是否满足证券的定义时，还应充分考虑流通环境。德国联邦金融监管局（BaFIN）在判断某加密资产是否属于数字证券时，发布了《加密代币指引通

---

① 参见 https：//www. fca. org. uk/publications/policy – statements/ps19 – 22 – guidance – cryptoassets。

知》(*Guidance Notice crypto tokens*)①，援引了《金融工具市场指令（2号)》中的相关认定条件：一是该加密资产是否具有可转让性（Transferability)，即加密资产是否能在不改变其技术及法律实质的前提下，从一个投资者转让给另外一个投资者。目前，市场上的大部分加密资产都是满足这个标准的②。二是是否可以在金融市场内流通（Negotiability on the Financial Markets)，线上的加密资产交易平台属于金融市场。

四、数字证券的应用前景

（一）数字证券可有效保证资产的真实性

在传统的资产支持证券（Asset Backed Securities，ABS）业务中，证券是以标的资产未来所产生的现金流为偿付支持，通过结构化设计进行信用增级，涉及的业务参与方众多，包括原始权益人、计划管理人、托管银行、登记机构、司法机构、监管机构等，使业务流程长、协作效率低。且底层资产经过复杂的交易结构设计和层层包装，透明性很差，资产的真实性和质量无法保证，隐藏了巨大的信用风险。数字证券是基于区块链的分布式账本技术，任何节点都可以看到链上的信息，公开透明、不可篡改，很好地解决了资产透明度不高、信息披露不完备的问题。

链上的资产证券化已有很多先例。例如，Fat Brands 在以太坊上将其旗下8个品牌的400家快餐连锁店的特许经营收入进行了全产业数字证券化（Whole Business Securitization)，募集资金约4000万美元③。Fat Brands 发行的数字证券的交易结构相对复杂：包括固定利率的100万美元的A－1级和1900万美元的A－2级，投资评级机构晨星评级（DBRS Morningstar）对A级的初步评级是BB级。此外，还有100万美元的B－1级和1900万美元的B－2级，晨星的初步评级是B级。A－1级和B－1级的预期偿付期1.5年，资金加权偿付期是1.1年，A－2级和B－2级将会需要2.5年和3.5年的偿付期。本次发行将在以太坊上进行，所有的交易将会通过区块链进行记录，发行人声明，数字证券

① 参见 https：//www.bafin.de/SharedDocs/Downloads/EN/Merkblatt/WA/dl_wa_merkblatt_ICOs_en.html。

② 以太坊的加密资产技术标准ERC－20，就是一种具体技术实现手段。

③ 参见本次发行的评级机构晨星评级的预售报告，https：//www.dbrsmorningstar.com/research/355841/fat－brands－royalty－i－llc－presale－report。

仅代表所有权的电子化凭证，并不是真正的所有权。本次资产证券化的结构和运行步骤较为复杂，总体资金划转等流程包括 26 步，区块链在整个投资和代币分销过程中发挥了关键的作用。相关流程在区块链浏览器（Block Explorers），如 Etherscan 上均是公开透明的，公众可以看到资金的流动以及链上证券化的运行机理。投资评级机构晨星评级（DBRS Morningstar）对以太坊上的数字证券进行了审计评级，认为“预测绩效期更短”“对品牌生存能力的更高可见性”“证券的数据透明度更高”，这也是对数字证券的首次评级。

（二）数字证券使股份登记更加便利

数字证券基础服务的实践之一是股份登记。目前，上市公司仍然依赖于中介机构才能获取本公司的名册数据。2016 年 5 月，美国特拉华州发起区块链倡议（Delaware Blockchain Initiative）[①] 并修订了州《公司法》，将利用区块链技术管理维护股东名册的行为予以合法化，这个做法很有意义，因为特拉华州的《公司法》在美国乃至世界的影响都很广。2015 年，86% 的美国 IPO 公司是注册在特拉华州的，美国超过一半的公众企业和 66% 的世界五百强企业都是位于特拉华州的。在采用区块链技术进行登记后，数字证券的买方可以实时地登记在股东名册上。2016 年 12 月，Overstock. com 公司成为在区块链上发行数字证券的首家公司。特拉华州的倡议将会给投资者和企业带来福音，也会促进资本市场、金融和公司治理的进步。欧洲市场也受到区块链倡议的影响，德国已经产生了公司股票的名义持有人以代币形式登记为公司的在册股东的案例。这些代币所内嵌的智能合约代表代币持有者和名义持有人的信托协议。智能合约背后有传统的法律手写协议支持，因此代币持有人仅仅是手写协议的间接股东[②]。

（三）数字证券有利于提升投资者保护水平

在国外间接持有的模式下，尤其是存在综合账户（Omnibus Account）和中央存管方的情形下，上市公司只能依赖于中介机构来获取股东信息。以美国为例，当投资者购买了公司的股票时，这些股票并非是由投资者自己直接持有，而是由美国存管信托公司（DTC）作为名义持有者，股票的实际持有人明细仅保留在证券经纪商的数据库里，DTC 仅保留所属经纪商字段。

---

① 参见 https：//www. prnewswire. com/news - releases/governor - markell - launches - delaware - blockchain - initiative - 300260672. html。

② 参见 Chiris Brummer. *Cryptoassets*，*Legal*，*Regulatory*，*and Monetary Perspectives*。

美国都乐食品（Dole Food）[①] 有限公司的集体诉讼就是现行间接持有模式弊端的一个案例。都乐食品公司对外发行了超过3600万股的股票，但是实际提出权益要求的股东高达4900万股，比都乐食品实际存在的普通股多了33%。其中，大部分差异是因为都乐收购完成前三天（$T+3$）未交收的交易未反映在DTC的名册里，还有一部分差异是因为裸卖空交易[②]。

间接持有模式还容易引发代理投票错误问题。2013年，美国戴尔（Dell）公司宣布将以224亿美元进行私有化，著名公募基金普信公司（T. Rowe Price）认为回购出价过低，反对私有化重组。为了对Dell收购进行投票，普信公司只能通过中介机构进行投票，该投票系统默认投票赞成管理层建议的（Management-recommended）提案，在投票过程中，某第三方服务提供商更新了收购提案，导致中介机构的自动投票系统返回到初始默认值，即赞同提案选项，尽管普信公司反对戴尔的私有化议案，但是系统却按照赞成计票。普信公司最终因未能正确执行股东的代理投票而共计向客户赔偿1.94亿美元[③]。

如果采用数字证券模式的话，区块链上数字证券买方和企业都会有明确的所有权记录，投资者会对证券状态有直观、清晰的认识，有利于其自身的投资决策，如资金出借方可以在触发一定条件时，取消股票出质方对抵押证券的赎回权。其他诸如权益分派等公司行为也将更加清楚。

（四）数字证券有利于改进公司治理

在数字证券的应用场景下，投资者和发行人可以直接交互，财产权将会更加透明，资产负债表的管理也就相对容易。诸如权益分派、股票分拆合并等行为将会自动、精确地执行。企业可以利用区块链记录管理者的投票，确保其行为符合相关监管要求和内控制度。企业也可以用计算机程序来限定私下配售的股票的发行对象，如只能面向合格投资者的电子钱包发售。数字证券也可以进行人工编码，确保与债权人签订的财务合同条款可以自动执行。

以美国为例，如果公司发现披露的资产负债表有误的话，需要按照法律要求提交一份备案证明，还需要进行相应的审计，还可能要补缴滞纳税款，如果采用数字证券形式的话，这种情况均不存在。总的来说，企业框架下的区块链

---

① 参见 Chiris Brummer. *Cryptoassets*, *Legal*, *Regulatory*, *and Monetary Perspectives*。

② 在裸卖空交易中，裸卖空者实际上已经收到收购的对价，然而证券的出借方并不知晓自己的证券已经借出，也会要求结算对价，这两者都会针对同一证券持有提交有效的权益要求。

③ 参见 https://fortune.com/2016/06/04/computer-error-t-rowe-price-dell/。

技术对公司簿记、治理、财务和资本市场都会产生变革。数字证券的实践经验可以为监管者和企业提供借鉴。

五、数字证券市场

数字证券市场已有很多的探索。从广度上来说，数字证券发展已经超过一国的国界。美国特拉华州的区块链倡议发表后，其他各州也在效仿特拉华州，推进区块链的发展。如怀俄明州成立了区块链联盟，专注于鼓励区块链技术推广，区块链联盟拟发布类似于特拉华州的倡议，影响已超出一国国界，远及欧洲。从深度上来说，经过多年的发展，数字证券市场正在形成完整的产业链条。如提供数字证券交易的数字证券交易所 Bancor、Fluidity，数字证券托管机构 BitGo，数字证券交易商或经纪经销商 tZero，发行合规平台 Securitize，还有其他法律类咨询机构等。

（一）数字证券发行

数字证券是一项全新的形式，也会赋予证券一部分全新的内涵。数字证券正在由各投行持续跟进，也是金融赋能实体经济的范例。目前，已有企业尝试发行数字证券。

Overstock. com 是美国的全球零售电商平台，2017 年 12 月 19 日，Overstock 基于区块链的方式募集了 2. 5 亿美元①。Overstock. com 的首席执行官帕特里克·伯恩（Patrick Byrne）宣布将启动区块链数字资产融资以帮助其建立区块链基础设施，在该声明宣布两个月后，Overstock. com 作为电子商务公司正式确认基于区块链技术来改革现有的公司平台技术，并通过 tZERO② 与认证的合格投资者启动了融资，tZERO 将这些代币作为公司的优先股。在 2017 年 12 月 18 日至 2018 年 1 月 18 日预售期间，tZERO 与经认证的战略投资者签订了简单未来股权协议。2018 年月 1 月 18 日至 2 月 16 日是后续销售期间，tZERO 将与后续其他认可的投资者签订简单未来股权协议。预售期及后续销售期可以由共识自行决定是否延长或缩短，信息的更改需要通过新闻稿或其他可行的方式通知认购者。

---

① 参见 Overstock 网站，http：//investors. overstock. com/news - releases/news - release - details/patrick - byrne - announces - key - details - tzeros - ico - money - 2020。

② 2017 年，Overstock. com 的子公司 tZERO 开始建立基于区块链的交易所，并进行 ICO（仅预售）来融资，这个交易所可以支持区块链资产（包括数字证券）交易。

（二）数字证券发行交易平台

数字证券的交易引发了诸多合规问题，如客户身份认证（Know Your Customer，KYC）、反洗钱（Anti - Money Laundering，AML）、产品准入、清算和交收、客户资产存管、关联方利益冲突、信息披露等问题，这些问题如果不能妥善解决，将会严重危及投资者的合法权益及资本市场的公平公正和有效性，由于数字证券合规问题的存在，大宗资金在进军数字资产市场时存在诸多顾虑，也不利于流动性的提高。合规的数字证券服务平台的出现为这些问题的解决提供了可行的方案，市场上已经有 OpenFinance、tZero、Polymath 等多家数字证券交易平台投入运营。

以数字证券交易平台 OpenFinance（OFN）为例，2018 年 11 月 29 日，全球数字证券发行史上第一个合规交易订单在美国诞生，这笔订单的交易平台即为 OFN。OFN 的总部位于芝加哥，平台系统于 2018 年在美国正式上线，其推出的数字证券另类交易系统（Alternative Trading System，ATS）经过测试达到美国证监会等监管机构的准入要求，取得了 ATS 经营牌照，使 OFN 成为世界上第一个受监管机构许可并纳入监管的数字证券交易平台。平台在 2018 年正式对满足准入要求的全球投资者开放。

OFN 是一个基于区块链技术的新型交易平台，既是一个去中心化的证券存储系统，又是一套处理证券交易的协议和框架，该平台能够为证券买卖双方匹配指令。OFN 是第一个为了交易数字证券而持有 ATS 牌照的平台。美国的证券监管者对基于区块链的新兴的交易平台保持较为谨慎的态度，目前获得该牌照的平台很少。在具体的运营操作上，OFN 制定了数字证券的发行和交易合规标准，如上市框架聚焦于合规性评估、资产及发行人评估、运营和技术评估等。发行前，OFN 会要求发行人提供相关发行信息，之后会对发行主体进行评估；会要求发行人须符合法律规定的证券注册豁免的相关标准，之后会在合规义务方面进行审核。针对数字证券来说，需要特别在技术层面上确保数字证券有内嵌的合规性检查，OFN 开发了特有的数字证券技术标准，如智能合约标准 S3，使平台可以同时提供代币的发行和二级市场交易①。

数字证券交易平台的出现，可以有效改善交易效率，增加对这种新兴资产的需求。目前，很多传统的金融机构也在积极布局数字证券交易平台，如高盛

① 此外，还有其他公认的标准，如 Harbor 的 R - Token、Securitize 的 DS 协议、Polymath 的 ST20 等。

（Goldman Sach）的 Circle 收购了 Poloniex，希望创建数字证券市场；富达（Fidelity）成立了富达数字（Fidelity Digital），进军数字证券市场。

（三）传统交易所的数字化转型

传统的交易所正在面临新兴数字证券交易平台的冲击，如 OFN 正在致力于开发新的技术，使其可以从传统市场上获得用户。其声称下一步将会致力于开发资产托管的解决方案，提高去中心化交易平台（Decentralized Exchanges，DEX）的安全性和高效率，吸引大型机构交易员，旨在创建可以与纳斯达克相匹敌的平台。面对新的竞争对手，传统交易所转型主要有两种思路：一种是技术驱动的交易所会寻求为公司自行发行、交易、清算相关证券提供去中心化的技术解决方案，如纳斯达克。另一种是传统的交易所将会采用去中心化技术来夯实现有的内部存量业务，如瑞士交易所、澳大利亚交易所。

纳斯达克（Nasdaq）与区块链软件开发商 R3 签订了长期的、非独家的合作协议。纳斯达克将会在 R3 的协助下，利用 R3 的开源的企业区块链平台 Corda 和 R3 在数字资产市场的全链条的服务，建立完整的全周期的数字资产市场的“7×24×365”的不间断解决方案，可以协助纳斯达克的客户从发行、交易、结算的传统方式过渡到区块链的新的机制。由于 Corda 的可扩展性、低延迟和加密运营环境，R3 将会协助纳斯达克完善数字资产市场的透明度标准。目前，纳斯达克已经为 120 多个交易所、清算中心、存管方等机构提供关键业务的市场基础设施解决方案①。

六、数字证券监管的探索

由于加密资产实践还在不断发展过程中，认识有待进一步深化，目前世界各国对加密资产的监管还在不断探索过程中，举措相对碎片化，鲜有完整、体系化的监管框架。有些监管辖区态度相对积极，如马耳他、瑞士等，目前已经有了明确的立法和具体的监管方法。有些监管辖区仍在观望中，如奥地利、比利时等，这些国家并没有明确限制或禁止加密资产，而是根据现有加密资产的具体情况施加相应的监管措施。还有一些监管辖区的监管立场尚没有明确表

① 参见 https：//www. forbes. com/sites/benjessel/2020/05/22/why - nasdaqs - partnership - with - r3 - is - great - for - digital - asset - adoption/#32aab30b630f。

态，如挪威、冰岛等[①]。总的来看，主要有稳健、平衡、激进三种模式。

（一）激进模式：建立自上而下的全面的数字证券监管框架

日本是全球率先将加密资产业务引入法律监管范畴的国家，已经形成全面的监管框架[②]：一是从立法上对加密资产进行规制。从最初设立专门的监管法规《支付服务法》，到后来修订《金融工具交易修正法》和《金融工具销售修正法》等法案的相关条款，以及针对金融机构特定金融交易的部分规定，从不同层面对加密资产的交易主体、业务类型、中介机构做了详尽的规定。二是明确加密资产的监管机构，形成了行政监管和自律管理相结合的监管格局。日本对加密资产市场行使监管职责的主体机构包括两类，行政监管机构是日本金融厅、国税局等，自律监管组织是加密资产交易商协会（Japan Virtual Currency Exchange Association，JVCEA）。三是对不同的监管对象进行规制。日本不断扩大对加密资产的监管范围，监管对象的类型也日益增多，目前主要的监管对象包括加密资产交易商、加密资产投资基金公司和“云挖矿”（Cloud Mining）企业。四是明确需要接受监管的加密资产业务。加密资产交易业务不仅包括交易商自身参与的加密资产买卖或不同加密资产之间的兑换，也包括交易商代理客户进行加密资产的买卖、兑换或者资产业务管理。随着市场需求的不断发展和加密资产交易环境的日益变化，加密资产的业务类型逐渐增多，为应对市场变化可能引发的新问题，2019 年 5 月 31 日，日本金融厅提出了《为应对因信息通信技术发展而出现的金融交易多样化，部分修订〈支付服务法〉等相关法案的草案》，主要涉及《支付服务法》《金融工具交易法》《金融商品销售法》《加密资产交易商内阁府令》等。

（二）稳健模式：尽可能地将加密资产纳入现有的证券监管体系

在对加密资产进行监管时，很多监管辖区的证券监管部门践行分类监管的理念，考虑将证券类加密资产纳入证券的监管框架。例如，瑞士金融市场监管局将加密资产分为支付类、资产类和效用类三大类[③]。并对这三类加密资产是否符合数字证券的定义作出说明，认为需要考虑加密资产是否符合瑞士《金融市场基础设施法案》（*Financial Market Infrastructure Act*）中关于证券的定义。

---

① 参见 Massimiliano Caruso，*Crypto - assets*，*Global Corporate*，*Finance Transactions*。

② 参见 https：//www. amt - law. com/en/publications/detail/publication_0020248_en_001。

③ 参见 https：//www. finma. ch/en/news/2018/02/20180216 - mm - ico - wegleitung/。

在该法案中，证券是指标准化的、记名的或不记名的证券、衍生品和中介间接持有的证券，适合大规模的标准化交易的证券。对于支付类加密资产来说，由于其功能与传统的证券差异较大，瑞士金融市场监管局将该类加密资产排除在证券之外。对于效用类加密资产来说，如果仅仅提供了对特定应用和服务的接入权，且该权限在发行时就已经被赋予的话，那么它所具备的仅仅是一种使用价值，与资本市场无关，因此也不会被认定为证券，但是如果效用类加密资产具有投资用途的话，那么将会被视作证券。对于资产类加密资产来说，瑞士金融市场监管局认为其满足《金融市场基础设施法案》中关于证券的定义，因此将会被视作证券。以上被认定为数字证券的加密资产均需要遵循相关证券监管法规，履行必要的发售说明书和注册登记、持牌要求。

（三）平衡模式：既要鼓励创新又要注重合规

世界上大多数国家，没有加密资产的明确的体系化框架，监管实践主要是实践驱动，允许市场的探索，鼓励市场创新，关注市场的发展，必要时采取相应的稽查执法措施。美国证监会于2018年成立了“创新和金融技术新战略中心”（FinHub），以构建市场和证监会之间创新理念和技术发展的沟通桥梁①。

一是鼓励创新。以行政通知、建议等形式表明监管立场。例如，2017年，美国证监会主席Clayton表示数字资产发行销售过程中涉及的代币，是用来筹资的，很有可能符合豪威测试的定义，具有证券性质，应当受到监管②。美国证监会的公司融资部、投资管理部和交易市场部还就ICO、虚拟资产投资机构和电子加密资产的二级市场交易等发布联合声明③，表示无论虚拟资产是以传统方式还是以区块链方式发行，均应符合《证券法》框架，且交易平台无论采用何种新技术，有何种表现形式，凡是符合交易所定义的均应向美国证监会注册。2018年10月，英国加密资产工作组（UK Cryptoassets Taskforce）发布了专题报告④，对英国加密资产和分布式记账技术的政策适用进行说明，该报告评

---

① 参见https：//www. sec. gov/finhub。

② 参见https：//www. sec. gov/news/public－statement/statement－clayton－2017－12－11。

③ 参见https：//www. sec. gov/news/public－statement/digital－asset－securites－issuuance－and－trading。

④ 参见https：//www. fca. org. uk/news/news－stories/cryptoasset－taskforce－publishes－report－uk－approach－cryptoassets。

估了加密资产潜在的风险及收益，提出了英国的未来监管计划和翔实的需要纳入监管的市场行为。

引入监管沙盒（Regulatory Sandbox），为创新类业务提供进一步的监管支持。例如，新加坡金融管理局（Monetary Authority of Singapore，MAS）提出了沙盒监管①，英国 FCA 也在相关指导文件中就沙盒的目的、监管方式进行了说明，在该沙盒内创新业务可以在真实的消费者身上进行测试，监管当局会控制必要的风险②。

二是注重合规，对违法行为严格稽查执法。例如，英国、德国对加密资产采取一事一议（Case－by－Case Basis）的方式监管。美国证监会针对市场上已有的代币 DAO 和 Munchee 币等，分别发布了《DAO 调查报告》③《关于 Munchee 公司的监管令》④ 等，将 DAO 代币、Munchee 代币统一纳入证券监管。自 2018 年 3 月起，美国证监会要求符合证券定义的数字加密资产交易平台必须向 SEC 提交交易所注册申请，享有豁免权的加密资产交易平台可注册为另类交易系统（Alternative Trading Systems，ATS）。11 月 8 日，美国证监会宣布对仍未注册的资产交易平台 EtherDelta 进行处罚⑤。这是美国首例对经查未注册为全国性证券交易所的平台采取执法行动。2018 年 11 月 16 日，美国证监会公布了两个 ICO 项目的执法案件，认为其构成了数字证券的发行，没有遵循相应的证券注册程序，每宗案件处以罚金 250000 美元，且需要违法者告知投资者并清退资产⑥。围绕发行的加密资产是否属于数字证券，美国证监会与诸多企业进行了旷日持久的诉讼，如加拿大通信巨头 Kik 曾与美国证券交易委员会就其发行的效用类代币 Kin 是否应纳入证券对簿公堂，判决结果也几经反转⑦。

七、结语

随着技术不断的发展和进步，加密资产的形式已经不再局限于单一的支付

① 参见 https：//www. mas. gov. sg/－/media/MAS/Sectors/Guidance/Guide－to－Digital－Token－Offerings－26－May－2020. pdf。

② 参见：https：//www. fca. org. uk/firms/innovation/regulatory－sandbox。

③ 参见 https：//www. sec. gov/litigation/investreport/34－81207. pdf。

④ 参见 https：//www. sec. gov/litigation/admin/2017/33－10445. pdf。

⑤ 参见 https：//www. sec. gov/news/press－release/2018－258。

⑥ 参见 https：//www. sec. gov/litigation/admin/2018/33－10575. pdf 和 https：//www. sec. gov/litigation/admin/2018/33－10574. pdf。

⑦ 参见 https：//www. sec. gov/litigation/complaints/2019/comp－pr2019－87. pdf。

工具，监管更加完善、运行更加有效、功能更加多样的数字证券进入大众的视野，围绕数字证券已经形成功能完备、链条完整的产业体系。各国监管机构都在不断探索数字证券的监管路径，其他市场主体也在进行数字化转型，不断拓展数字证券的功能。可预期的是，数字证券将在股份登记、公司治理等方面拥有更广阔的应用。在数字经济的浪潮下，我国应当积极利用数字证券、大数据、云计算等创新技术为实体经济赋能，这就需要我们从资本市场持续稳定健康发展的全局来认识数字证券的发展，进一步探索其信息披露、发行、交易监管等相关机制，从而发挥数字经济支持创新发展、服务实体经济的作用。

制度探索

交易场所监管法规的变迁与股转系统的探索发展

王　娴*　叶宇辰**　张思雨***

摘　要：交易场所的发展往往与监管法规变迁息息相关。从 2006 年中关村园区非上市公司金融证券公司代办股份转让系统启动股份转让试点（以下简称中关村试点）到 2020 年全国中小企业股转系统（以下简称股转系统）设立精选层，股转系统的制度日趋完善、挂牌公司数量大幅增长、投资者结构更加完整。本文以股转系统为观察对象，系统回顾一个交易场所建立前后的制度探索和改革历程。

关键词：股转系统　新三板　交易场所　中关村

一、中关村试点开启了未公开股份公司的股份转让机制探索

全国股转系统建立的基础是 2006 年启动的中关村试点。中关村试点利用证券公司代办股份转让系统（以下简称代办系统）的制度构架，为未公开发行股份的非上市公司提供股份转让服务，开启了股转系统建设的序幕。

（一）中关村试点的提出与实施

我国资本市场萌芽于 20 世纪 80 年代的国有企业改革。1990 年上海证

* 王娴，清华大学国家金融研究院副院长、上市公司研究中心主任。
** 叶宇辰，清华大学国家金融研究院上市公司研究中心中级研究专员。
*** 张思雨，清华大学国家金融研究院上市公司研究中心初级研究专员。

券交易所（以下简称上交所）和深圳证券交易所（以下简称深交所）成立，标志着新中国证券市场的建立和基础性制度安排的形成。1993 年 12 月 29 日第八届全国人民代表大会常务委员会第五次会议通过的《中华人民共和国公司法》（以下简称《公司法》）和 1998 年 12 月 29 日第九届全国人民代表大会常务委员会第六次会议通过的《中华人民共和国证券法》（以下简称《证券法》）为证券交易场所的建立和监管提供了基本的法律框架。按照 1993 年版《公司法》第一百四十三条规定，“股东持有的股份可以依法转让”，第一百四十四条规定，“股东转让其股份，必须在依法设立的证券交易场所进行”。

从 1998 年开始，按照《清理整顿场外非法股票交易方案》和《清理整顿证券交易中心方案》，证监会对 41 家场外非法股票交易和证券交易中心进行清理整顿，其中包括 NET 系统和 STAQ 系统①两个法人股交易市场。1999 年 9 月，NET 系统和 STAQ 系统停止交易。为了妥善解决这两个系统原挂牌公司的股份转让问题，中国证券业协会于 2001 年 6 月建立了代办系统，同时发布了《证券公司代办股份转让服务业务试点办法》。根据该办法，代办系统提供代办股份转让服务业务，是指证券公司以其自有或租用的业务设施，为非上市公司提供的股份转让服务业务。② 另外，2001 年 2 月 23 日，中国证监会发布《亏损公司暂停上市和终止上市实施办法》，建立了退市制度。为解决退市公司的股份转让问题，自 2002 年 8 月 29 日起，退市公司也被纳入代办系统试点范围。因此，代办系统是一个面向一般公众投资者的市场，其为退市公司以及原 NET 系统和 STAQ 系统挂牌公司提供股份转让服务的部分也被称为“老三板”，以区别于沪深交易所的主板市场（一板）和当时拟议中的创业板市场（二板）。

由于中关村科技园区③的企业公开发行股份融资受到多方面因素的制约，

---

① 2000 年 9 月 1 日，中国证监会办公厅下发《关于答复 STAQ、NET 系统股民询问口径的通知》（证监会办发〔2000〕29 号文件）。

② 《证券公司代办股份转让服务业务试点办法》（2001 年中国证券业协会发布）第一条：“为解决原 STAQ、NET 系统挂牌公司的股份流通问题，规范证券公司代办股份转让服务业务活动，根据《公司法》《证券法》的有关规定，制定本试点办法。”

③ 北京市海淀区的中关村是我国高等院校和中科院科研院所聚集的地区，20 世纪 80 年代初以来，大批科研人员在这里创办企业，“中关村电子一条街”成为当时高新技术企业的聚集区，孵化了联想、方正、四通等颇具影响力的企业。1988 年 5 月，国务院批准成立北京市高新技术产业开发试验区，1999 年 8 月更名为中关村科技园区。

如何利用代办系统促进中关村非上市公司发展，成为当时中关村管委会探讨的问题。2002 年，证监会等部门开始了在中关村科技园区内的非上市股份有限公司进入证券公司代办股份转让系统，进行股份交易试点问题的研究。

根据 1998 年通过的《证券法》，证券的公开发行需经中国证监会核准。按照《公司法》第一百四十四条的规定，非上市的股份公司的股份转让可以在依法设立的证券交易场所进行，也可以“在场外”按照国务院规定的方式进行。但是，按照《证券法》第三十二条的规定：“经依法核准的上市交易的股票、公司债券及其他证券，应当在依法设立的证券交易所挂牌交易。”因此，依法设立的证券交易场所，即上交所和深交所，是为公开发行的上市公司提供股份转让服务的。

当时，非上市公司的股份通常是交易双方协商达成交易，并在发行人处办理股东变更手续。因此，如果未经公开发行股份核准的非上市公司向一般公众公开转让股份，其在本质上就成为非上市公众公司，其股份的公开转让也成为变相的公开发行。这与当时的证券监管体制是不相容的，因此可行的方案一直难以实行。

2004 年 8 月 28 日，中华人民共和国第十届全国人民代表大会常务委员会第十一次会议通过《全国人民代表大会常务委员会关于修改〈中华人民共和国证券法〉的决定》。2005 年 10 月 27 日，中华人民共和国第十届全国人民代表大会常务委员会第十八次会议全国人大修订通过《证券法》，并于 2006 年 1 月 1 日实施。此次修订对公开发行作出了一个框架性的定义：一是向不特定对象发行；二是向特定对象发行累计超过 200 人。作为《证券法》的实施配套文件，国务院办公厅发布的《关于严厉打击非法发行股票和非法经营证券业务有关问题的通知》(国办发〔2006〕99 号，以下简称 99 号文)，对禁止的“擅自公开发行股票”作出了界定，即“向不特定对象发行股票或向特定对象发行股票后股东累计超过 200 人的，为公开发行，应依法报经证监会核准。未经核准擅自发行的，属于非法发行股票”。该文件同时也界定了“变相公开发行股票”，即“向特定对象发行股票后股东累计不超过 200 人的，为非公开发行”。该文件还明确，“非公开发行股票及其股权转让，不得采用广告、公告、广播、电话、传真、信函、推介会、说明会、网络、短信、公开劝诱等公开方式或变相公开方式向社会公众发行。严禁任何公司股东自行或委托他人以公开方式向社会公众转让股票。向特定对象转让股票，未依法报经证监会核准的，转让后，公司股东累计不得超过 200 人”。修订后的《证券法》和国务院 99 号文，实际上对非上市公司的股份转让作出了规定。

据此，证监会拟定了中关村试点的基本制度安排，要求非上市股份公司的股份转让采取协议交易的方式，即投资者通过代办系统发布其买卖股份的意向，包括转让的数量和拟议价格，投资者经协商达成交易后经代办系统确认成交后由中国证券登记结算公司办理结算。中关村试点要遵守《证券法》规定的非公开发行股东人数在 200 人以下的规定，要求挂牌公司在转让后股东人数不得超过 200 人。

与此同时，中国证监会联合相关部门将中关村试点的整体方案报送国务院。国务院批准实施试点方案。同年 11 月，《国务院关于实施〈国家中长期科学和技术发展规划纲要（2006—2020 年）〉若干配套政策》（国发〔2006〕6 号）中规定：“推进高新技术企业股份转让工作，启动中关村科技园区未上市高新技术企业进入证券公司代办系统进行股份转让试点工作。”

中关村试点是在《公司法》《证券法》给予的法律空间内开启的利用证券公司代办股份转让系统为非公开发行股份公司提供股份转让服务的试点。作为证券业的自律组织，中国证券业协会制定转让的规制并对转让系统进行自律监管。除此之外，交易信息的发布和交易达成等服务由深圳证券交易所提供的转让报价系统提供，资金结算等服务由中国建设银行提供，股票登记、托管等服务则是由中国证券登记结算公司提供。

2006 年 1 月 16 日，证券业协会发布了《证券公司代办股份转让系统中关村科技园区非上市股份有限公司股份报价转让试点办法》（以下简称《中关村试点办法》）等规则和相关协议文本①，标志着中关村试点的正式启动。2006 年 1 月 23 日，代办系统挂牌仪式在深交所举行，第一批两家企业正式在系统挂牌。中关村试点也写入了 2005 年底召开的国家科学技术大会发布的《国家中长期科学和技术发展规划纲要（2006—2020 年）》（以下简称《规划纲要》）。

---

① 中国证券业协会（2006），规则和协议文本包括：《证券公司代办股份转让系统中关村科技园区非上市股份有限公司股份报价转让试点办法》《主办报价券商推荐中关村科技园区非上市股份有限公司股份进入证券公司代办股份转让系统报价转让的挂牌业务规则》《主办报价券商尽职调查工作指引》《股份进入证券公司代办股份转让系统报价转让的中关村科技园区非上市股份有限公司信息披露规则》《证券公司从事报价转让业务自律承诺书》《报价转让特别风险揭示书》《报价转让委托协议书》《主办报价券商推荐园区公司股份进入代办股份转让系统挂牌报价转让协议书》。参见 https：//www. sac. net. cn/tzgg/200601/t20060116_20924. html。

《规划纲要》明确，将在中关村试点基础上，将试点扩大至全国其他高新技术园区内的非上市公司。这也成为我国多层次资本市场建设的一个重要创新举措。

（二）中关村试点的监管理念

为了保证交易平台的秩序，维护证券市场的公平、公正、公开原则，在中国证监会的协调组织下，建立起中关村试点的规制体系。中关村试点的规则系统地反映了对于未公开发行股份公司股份转让的监管理念。

美国《1933 年证券法》确立的以信息披露为核心的证券公开发行监管制度，已经成为全球证券公开发行的基本监管理念。在 1933 年之前的美国，证券向一般公众发行一直是州注册的方式。1929 年股市大萧条后，罗斯福总统时期开始制定联邦的证券监管制度。政府对发行人及所公开信息资料进行实质审核还是实行以信息披露为核心的注册制，在当时也有激烈的争论。最终，由于信息不对称、不确定性和定价需要在市场博弈中产生等方面的原因，美国采取了以信息披露为核心的证券公开发行监管理念。

中关村试点是为未公开发行的公司提供股份转让服务的。按照当时的转让制度设计，由于挂牌公司的股东可以向不特定的投资者发布转让股份的信息，具有了一定的“公众性”，对挂牌公司信息披露的真实性、准确性、及时性需要有一些最基本的要求。为此，建立了主办券商推荐和挂牌公司在证券业协会的备案制度，这是一套以信息披露为核心的、由自律监管组织组织实施的、以“注册制”为内核的监管制度。相比而言，股票公开发行并在交易所上市，实施的是 1992 年确立的核准制，公司公开发行需要达到规定财务等条件并经证监会核准。这套公开发行的条件和程序不仅使大量中小企业和未能在三年连续盈利的企业不能公开发行上市，而且耗时长，成本、定价受到干预，发行节奏不可控。探索从核准制向注册制过渡一直是资本市场需要破解的难题。在这样的背景下，中关村试点的备案制力图另辟蹊径，进行一次“增量改革”。

根据《中关村试点办法》，证券业协会是证券公司自律组织，中关村试点的主办券商受证券业协会的自律监管。证券公司从事报价转让业务必须具有代办股份转让主办券商业务资格，并向协会申请取得报价转让业务资格。园区公司申请股份进入代办系统挂牌报价转让，须委托一家报价券商作为其主办报价券商，向协会推荐挂牌。申请挂牌的园区公司应与主办报价券商签订推荐挂牌报价转让协议。主办券商要按照《主办券商推荐中关村科技园区非上市股份有限公司股份进入证券公司代办股份转让系统挂牌业务规则》《主办券商尽职调查工作指引》的要求，对拟挂牌公司开展勤勉尽责，同意推荐挂牌的，出具推荐报告，并向协会报送推荐挂牌备案文件。协会对推荐挂牌备案文件无异议的，公司将在报价系统挂牌交易。

中关村试点立足于服务非上市的中小企业，在挂牌公司的“准入标准”上，与交易所市场作出了不同的规定。按照《中关村试点办法》，挂牌公司须具备以下条件：（一）设立满三年；（二）属于经北京市政府确认的股份报价转让试点企业；（三）主营业务突出，具有持续经营记录；（四）公司治理结构健全，运作规范；（五）协会要求的其他条件。

挂牌公司一般都是中小企业，经营时间短、规模小、股权集中度高，而且内部人持股比例高，社会公众股东少。另外，由于法律限制，挂牌公司的公众公司属性还没明确，公司股东人数无法超过 200 人，也制约了一些潜在优质挂牌公司股份的上市流通。这些因素决定了中关村试点在建立之初对申请挂牌交易的公司要求较低（见表 1）。挂牌公司需按照《股份进入证券公司代办股份转让系统报价转让的中关村科技园区非上市股份有限公司信息披露规则》履行信息披露义务，在挂牌前财务信息披露和持续信息披露方面的要求均低于同时期的 A 股主板和创业板。挂牌公司的增发、并购等，也不实行交易所市场的核准制，按照“合理、合法”的原则实行备案制，使挂牌公司可以按照业务发展的需要按需、及时融资和并购。

相应地，中关村试点也实行了较为严格的投资者适当性管理。2009 年修订的《证券公司代办股份转让系统中关村科技园区非上市股份有限公司股份报价转让试点办法》第六条明确规定，“参与挂牌公司股份报价转让的投资者，应当具备相应的风险识别和承担能力”，主要为“机构投资者”；第五十八条规定，“主办券商在与投资者签署代理报价转让协议前，应着重向投资者说明投资风险自担的原则，提醒投资者特别关注非上市公司股份的投资风险，详细讲解风险揭示书的内容”，等等。

试点启动后，中关村试点又进行了一些局部调整，资金结算改为与交易所市场相同的，由中国证券登记结算公司同时办理股份和资金的结算交收，便利了投资者的交易。同时，进一步提高了对投资者的适当性要求，仅允许机构投资者参与，自然人投资者只能卖出、不得买入。

经过了6年多的试点，2012年9月，经国务院批准，中关村试点范围扩大到上海张江、天津滨海、武汉东湖三个国家级高新区的公司①。截至2012年底，中关村试点挂牌交易公司200家，总股本55.27亿股，挂牌公司总市值336.1亿元，共为挂牌企业融资26.58亿元，共成交5.01亿股②。同时，中关村试点也为建立非上市公司的公开转让制度积累了经验。

表1　中关村试点相关制度总结

		中关村试点（2006）	中关村试点（2009）	全国股转系统（2013）
挂牌要求		（一）存续满三年 （二）经北京市政府批准 （三）主营业务突出，持续经营 （四）公司治理结构健全，运作规范 （五）协会要求的其他条件	（一）存续满两年 （二）主营业务突出，具有持续经营能力 （三）公司治理结构健全，运作规范 （四）股份发行和转让行为合法合规 （五）取得北京市人民政府出具的非上市公司股份报价转让试点资格确认函 （六）协会要求的其他条件	（一）依法设立且存续满两年 （二）业务明确，具有持续经营能力 （三）公司治理机制健全，合法规范经营 （四）股权明晰，股票发行和转让行为合法合规 （五）主办券商推荐并持续督导 （六）全国股份转让系统公司要求的其他条件
交易制度	交易方式	不撮合的一对一交易	不撮合的一对一交易	协议方式、做市方式、竞价方式
	报价方式	委托报价	制定价格和数量	委托报价
	单笔限额	3万股	3万股	1000股
	报盘方式	手工	电子化	电子化
	其他			不设涨跌幅限制

① 参见《全国中小企业股份转让系统揭牌仪式在京举行》，http：//www. neeq. com. cn/important_news/20000483. html。

② 参见《全国中小企业股份转让系统2014年统计快报》，http：//www. neeq. com. cn/static/statisticdata. html。

续表

			中关村试点（2006）	中关村试点（2009）	全国股转系统（2013）
信息披露制度	挂牌前信息披露		财会信息要求相对较低	财会信息要求有所严格：1. 增加现金流量表披露要求；2. 未在规定期限内披露年报或连续亏损三年的实行特别处理	严格
	持续信息披露	年报	披露经审计的年报	披露经审计的年报	披露经审计的年报
		半年报	无须披露	（有条件的）无须经审计的半年报	（有条件的）无须审计的半年报
		季报	无须披露	自愿披露	无须审计的季报
		年度内部控制评价报告	无须披露	无须披露	无须披露
		社会责任报告	无须披露	无须披露	无须披露
	信息披露渠道		代办股份转让信息披露平台	1. 代办股份转让信息披露平台 2. 主办券商营业场所 3. 行情软件	指定信息披露平台或其他媒体
结算制度	账户管理制度		单独开设账户	与深圳 A 股股票账户互通	全国股转系统开设账户
	资金结算机构		中国建设银行	中国证券登记结算公司	中国证券登记结算公司
投资者适当性			券商应充分了解客户的财务状况和投资需求	更为严格：限机构投资者，自然人投资者只能卖出、不得买入	明确注册资本或实缴出资总额 500 万元以上的机构投资者和证券资产市值 500 万元以上、有两年证券投资经验的个人投资者可申请挂牌公司股票公开转让
其他					增加公司治理要求

资料来源：清华大学国家金融研究院上市公司研究中心。

二、全国性股份转让系统的建立与制度探索

2012 年 10 月，中国证监会通过了《非上市公众公司监督管理办法》，明确了未公开发行的公司及其他非上市公众公司的属性及非上市公众公司股票公开转让的规范，以中关村试点为基础为建立全国性中小企业股份转让系统确立了规制基础。

2013 年 12 月，国务院发布《全国中小企业股份转让系统有关问题的决定》(国发〔2013〕49 号，以下简称《决定》)，批准股转系统成立，并明确了其“全国性证券交易场所”的定位。《决定》不仅确立了挂牌公司的属性，即“挂牌公司依法纳入非上市公众公司监管，股东人数可以超过 200 人”，还明确了挂牌公司的转板机制，即“在全国股份转让系统挂牌的公司，达到股票上市条件的，可以直接向证券交易所申请上市交易”。[①] 2013 年 1 月 23 日，全国中小企业股份转让系统正式成立，原来在中关村试点挂牌的公司全部纳入股转系统，中关村试点的历史使命完成。从此，在股转系统开启了对非上市公司监管、转让制度的新探索。

(一) 引入做市商制度

人类最早的交易活动，采用的是一对一协商交易的方式。一直到 17 世纪，集中竞价交易的方式才开始萌芽。20 世纪，通信和计算机技术的发展为交易技术的发展提供了条件，集中电子竞价交易成为证券期货等标准化金融产品交易的主导性交易方式。1990 年，沪深交易所建立，站在了全球交易技术发展的前沿，是最早实现全市场电子化证券登记托管交易的市场。交易所集中竞价交易的方式，有效地降低了交易成本，提高了市场参与度。

在中关村试点启动时，由于《证券法》及《公司法》提供的空间有限，其在转让制度选择上受到限制。由于股转系统的挂牌公司是未经公开发行的公司，如果允许未经公开发行而向一般公众公开转让股份，中关村试点就会因“公开转让”而“变相公开发行”，展开集中竞价的法律基础并不具备。因此，中关村试点阶段一直采用转让平台仅发布转让意向、由买卖双方一对一协议交易的方式。虽然这满足了一部分投资者的交易需求，但是成交却很清淡（见表 2）。

---

① 参见《国务院关于全国中小企业股份转让系统有关问题的决定》（国发〔2013〕49 号），http://www.gov.cn/zhengce/content/2013-12/14/content_4024.htm。

表 2　股转系统历年股票成交概况（2006—2014 年）①

年度	成交数量（万股）	成交金额（万元）	成交笔数（笔）	换手率（%）
2006	1592. 63	8340. 71	251	—
2007	4420. 15	23156. 63	521	—
2008	5407. 86	29527. 82	484	—
2009	10735. 76	48342. 53	878	—
2010	6951. 29	41872. 24	644	—
2011	9562. 76	56169. 56	832	5. 57
2012	11455. 51	58431. 81	638	4. 47
2013	20242. 52	81396. 19	989	4. 47
2014	228212. 40	1303580. 47	92654	19. 67

资料来源：股转系统、清华大学国家金融研究院上市公司研究中心。

2013 年国务院《决定》对股转系统“全国性证券交易场所”地位的明确，为新的交易方式的探索奠定了法律基础。2014 年 8 月，股转系统建立了做市交易制度。

做市商是为市场的买卖双方提供流动性的专业机构，因此也被称为 Market Maker。与订单驱动（Order Driven）的集中竞价交易制度，即交易双方的订单经由交易所的交易主机匹配成交不同，做市商制度是一种报价驱动（Quota Driven）的交易制度，即做市商报出买卖的报价（Quota），投资者以做市商报出卖价（买价）买入（卖出）相应的证券。因此，做市商作为投资者的交易对手方，具有了提供流动性和价格发现的功能。对于流动性不足或者交易中存在较强信息不对称问题的金融产品，做市商的做市可以提高市场的流动性和价格发现效率。1971 年，全美证券商协会（NASD）组建“全美证券协会自动报价系统”（纳斯达克，NASDAQ）时，由于其上市公司大多存在规模较小、流动性相对不足的问题，建立了竞争性做市商制度，而当时纽交所实行的是专家制度（Specialist），即一只证券由唯一的“专家”提供双边报价。1980 年以来，纳斯达克平均单位证券的做市商数目不低于 7 个。目前，一些交易活跃的股票有 40 家或更多的做市商。

但是，股转系统的做市商制度与纳斯达克的不同。一方面，做市商在股转

① 参见《全国中小企业股份转让系统 2014 年统计快报》，http：//www. neeq. com. cn/static/statisticdata. html。

系统持续发布买卖双向报价，并在其报价数量范围内按报价达成与投资者的成交。另一方面，股转系统实行竞争性做市商制度，即采用做市转让方式的挂牌公司，应当有2家以上做市商为其提供做市报价服务。这是股转系统基于其挂牌公司规模小、股权集中度高、投资者类型单一的情况，对交易制度及相应的信息披露制度、结算制度和投资者适当性管理制度的新改革，旨在调动和保护做市商的积极性的同时避免做市商对价格的垄断。截至2015年3月底，共有222家挂牌公司采用做市转让方式，做市方式转让的股票成交额远超过协议方式转让的成交金额。[①] 如表3所示，实施做市转让方式后，股转系统的市场流动性得到一定程度的改善，成交趋于活跃，股票年换手率从2013年的4.47%增加到2015年的53.88%，成交金额由2013年的8.14亿元增加到2015年的1910.62亿元。

表3 股转系统统计指标（2013—2015年）

统计指标	年份		
	2015	2014	2013
挂牌规模			
挂牌公司家数（家）	5129	1572	356
总股本（亿股）	2959.51	658.35	97.17
总市值（亿元）	24584.42	4591.42	553.06
股票发行			
发行次数（次）	2565	329	60
发行股数（亿股）	230.79	26.52	2.92
融资金额（亿元）	1216.17	132.09	10.02
股票转让			
成交金额（亿元）	1910.62	130.36	8.14
成交数量（亿股）	278.91	22.82	2.02
换手率（%）	53.88	19.67	4.47
市盈率（倍）	47.23	35.27	21.44
投资者账户数量			
机构投资者（户）	22717	4695	1088
个人投资者（户）	198625	43980	7436

资料来源：股转系统、清华大学国家金融研究院上市公司研究中心。

① 参见田静．全国中小企业股份转让系统交易制度变迁［J］．清华金融评论，2015（6）。

（二）建立内部分层，实行差异性制度安排

2013 年国务院《决定》对股转系统“全国性证券交易场所”地位的明确，使市场对股转系统的发展有了稳定的预期，增加了公司和投资者的信心，股转系统迎来了跨越式发展的新时期，挂牌公司数量从 2012 年底的 200 家，增加到 2016 年 6 月的 7000 多家。

由于从中关村试点以来一直坚持服务中小企业、不设财务指标和备案制的准入制度，挂牌公司的规模、盈利水平、股东结构差异性极大，要推进股转系统交易制度等方面的创新，就需要对股转系统进行内部分层，实施差异性的制度安排。

2016 年 5 月 27 日，为了贯彻落实党的十九大精神和全国金融工作会议部署、促进多层次资本市场健康发展，股转系统正式对挂牌公司实行分层管理并发布了《全国中小企业股份转让系统挂牌公司分层管理办法（试行）》（以下简称《分层管理办法》），从“盈利性、成长性和市场认可度三个方面设置了三套差异化的创新层标准”，将现有挂牌公司分为基础层和创新层。符合创新层条件的公司，调整进入创新层，剩下的进入基础层。股转系统还规定了创新层公司的“维持标准”，在确保创新层交易公司资产质量的同时打通基础层和创新层之间的“转板”通道。通过一年多的试行，市场对分层制度普遍反映较为积极。如表 4 所示，实行分层管理后，股转系统挂牌公司数量、流通股本及挂牌公司总市值均稳定增长。

表 4　股转系统挂牌公司统计（2016 年 6 月至 2017 年 12 月）

时间	挂牌公司家数（家）	总股本（亿股）	流通股本（亿股）	总市值（亿元）	市盈率（倍）
2016 - 06	7685	4634.93	1696.17	31081.90	26.54
2016 - 07	7917	4773.13	1791.82	31673.00	26.51
2016 - 08	8895	5115.81	1893.68	33899.61	26.57
2016 - 09	9122	5251.19	2026.97	35430.21	26.86
2016 - 10	9324	5389.71	2124.80	36131.18	26.97
2016 - 11	9764	5569.31	2250.26	37451.18	27.59
2016 - 12	10163	5851.55	2386.81	40558.11	28.71
2017 - 01	10454	5972.95	2479.15	41386.01	28.28

续表

时间	挂牌公司家数（家）	总股本（亿股）	流通股本（亿股）	总市值（亿元）	市盈率（倍）
2017－02	10757	6097.74	2569.16	42849.64	28.94
2017－03	11023	6294.33	2728.95	44390.92	29.54
2017－04	11113	6339.60	2775.05	44266.30	29.52
2017－05	11244	6505.14	2918.09	47863.30	27.36
2017－06	11314	6651.01	3035.08	48798.40	27.90
2017－07	11284	6658.65	3114.43	48727.82	28.08
2017－08	11551	6713.97	3203.30	50052.68	29.07
2017－09	11594	6811.68	3289.88	52452.60	30.65
2017－10	11619	6846.98	3344.31	51697.27	30.42
2017－11	11645	6850.72	3408.02	50948.99	30.59
2017－12	11630	6756.73	3416.92	49404.56	30.18

资料来源：股转系统、清华大学国家金融研究院上市公司研究中心。

（三）在创新层引入集合竞价制度，实施更充分及时的信息披露制度

国务院《决定》极大地增强了股转系统的吸引力，挂牌公司数量爆发式的增长。虽然做市商制度的引入在一定程度上活跃了交易，但未能从根本上解决市场流动性不足、市场功能不足等问题。2017 年之后，挂牌公司数量不增反降，一些公司主动提出摘牌。为此，股转系统从两个方面进行了改革。

一是实施更加及时充分的信息披露要求。在中关村试点阶段，出于降低中小企业信息披露成本的角度，对挂牌公司的信息披露要求作出了区别于主板市场的需要。但是，市场的流动性是以及时准确充分的信息为基础的。因此，为了增加市场透明度、吸引更多的投资者参与，就需要改进对挂牌公司的披露要求。在信息披露制度改革方面，股转系统公布了《全国中小企业股份转让系统挂牌公司信息披露细则》（以下简称《信息披露细则》）。《信息披露细则》明确了针对创新层挂牌公司与基础层挂牌公司差异化的信息披露制度，对创新层挂牌公司实行更为严格的信息披露要求（见表 5）。

表 5 股转系统基础层与创新层信息披露规则对比

		股转系统基础层	股转系统创新层
挂牌前信息披露		信息披露要求相对较低，提供两年一期财务数据	同基础层
持续信息披露	年报	披露经审计的年报	披露经审计的年报
	半年报	披露半年报，无强制审计要求	披露半年报，无强制审计要求
	季报	不要求披露季报	披露季报
	年度内部控制评价报告	无须披露	无须披露
	社会责任报告	无须披露	无须披露
	募集资金使用情况专项报告	每半年披露募集资金使用情况专项报告，无须注册会计师鉴证	每半年披露募集资金使用情况专项报告，无须注册会计师鉴证
临时报告要求		包括三会决议、关联交易及其重大事项	包括三会决议、关联交易及其重大事项

资料来源：清华大学国家金融研究院上市公司研究中心。

二是引入集合竞价制度。所谓集合竞价，是指交易场所将一段时间内接收的买卖订单进行一次性的撮合成交的交易方式。作为与做市商制度完全不同的制度安排，集合竞价制度的本质是订单驱动，交易场所的会员并不为成交提供流动性，而是将买卖双方提交的订单按照最大成交原则计算出成交价，所有成交的订单按计算价格成交。我国沪深交易所在开盘和收盘阶段，实行集合竞价的成交方式，其成交原则：（1）在有效价格范围内选取成交量最大的价位；（2）高于成交价格的买进申报与低于成交价格的卖出申报全部成交；（3）与成交价格相同的买方或卖方至少一方全部成交。两个以上价位符合上述条件的，上交所取未成交量最小的申报价格为成交价格。若仍有两个以上申报价格符合条件，则取其中间价为成交价格。与上交所不同，深交所取距前收盘价最近的价位为成交价。集合竞价的所有交易以同一价格成交，未成交的部分则自动进入连续竞价。

2017 年 12 月 22 日，股转系统发布《全国中小企业股份转让系统股票转让细则》（以下简称《转让细则》），对交易制度进行了改革，主要包括引入集合竞价、优化协议转让、巩固做市转让等措施，旨在提高挂牌公司股份的流动性，完善股转系统市场的价格发现机制。但是，实施集合竞价并没有取得预期的效果。如表6所示，集合竞价制度实施后，股转系统的股票成交数量、成交金额、成交笔数和换手率均等均出现了一定程度的下降，而订单的数量和规模等会直接影响交易达成的效率。

表6　集合竞价制度实施前后流动性对比

指标名称	月度数据对比		年度数据对比	
	2018年2月	2017年12月	2018年	2017年
成交金额（亿元）	71.37	238.73	888.01	2271.80
成交数量（亿股）	15.70	55.83	236.29	433.22
成交笔数（万笔）	9.42	19.18	150.84	282.99
发行股数（亿股）	5.56	48.67	123.83	239.26
融资金额（亿元）	33.66	199.20	604.43	1336.25
换手率（%）	0.38	1.18	5.31	13.47

资料来源：股转系统、清华大学国家金融研究院上市公司研究中心。

究其原因，主要是由于股权高度集中、信息不对称导致价格发现机制不足和投资者结构单一，各类交易主体缺乏参与交易的积极性。一方面，由于股转系统的挂牌公司未经公开发行，企业的规模小、股东人数少。如表7所示，截至2018年末，股东人数仅2人的公司占6.18%，而股东人数在200以上的公司仅占3.42%。因为挂牌公司的股权高度集中（见表8），控股股东普遍是其“经营者”，所以挂牌公司还是“所有与控制合一”的古典公司。在此情况下，外部股东和投资者参与交易面临较大的信息不对称，投资者很难根据公开的信息作出投资决策。而在投资者数量较少、交易需求单一、订单数量不足的情况下，不具备开始订单交易的基本条件。另一方面，做市商也面临较为严重的信息不对称问题，再加上在流动性不足的情况下，管理库存的成本较高、风险大，使做市商的做市意愿不够。因此，仅仅依靠交易制度的变革难以实现流动性的改善，而流动性不足导致市场功能难以有效发挥，进而影响市场的吸引力。

表 7　历年股转系统挂牌公司股东人数分布（2015—2018 年）

股东人数（人）	2018 年末 挂牌公司		2017 年末 挂牌公司		2016 年末 挂牌公司		2015 年末 挂牌公司	
	数量（家）	占比（%）	数量（家）	占比（%）	数量（家）	占比（%）	数量（家）	占比（%）
2	661	6. 18	742	6. 38	711	7. 00	397	7. 74
3 ~ 10	3957	37. 01	4454	38. 30	3921	38. 58	1741	33. 94
10 ~ 50	4138	38. 71	4529	38. 94	4001	39. 37	2056	40. 09
50 ~ 100	1037	9. 70	953	8. 19	788	7. 75	453	8. 83
100 ~ 200	532	4. 98	551	4. 74	423	4. 16	275	5. 36
200 以上	366	3. 42	401	3. 45	319	3. 14	207	4. 04
合计	10691	100. 00	11630	100. 00	10163	100. 00	5129	100. 00

注：采用上组限不在内原则，如 100 ~ 200 中不包含 200。

资料来源：股转系统、清华大学国家金融研究院上市公司研究中心课题组。

表 8　历年股转系统挂牌公司股东户数、大股东持股比例和股权分散度（2013—2018 年）

年份	股东户数（户）	第一大股东持股比例（%）	前十大股东持股比例（%）
2013	20	52. 05	95. 34
2014	33	53. 41	95. 45
2015	82	50. 94	93. 72
2016	53	51. 47	94. 80
2017	51	51. 12	89. 49
2018	42	50. 96	88. 82
年份	HHI 前十大股东	HHI 前五大股东	HHI 前两大股东
2013	0. 35	0. 35	0. 33
2014	0. 34	0. 34	0. 32
2015	0. 33	0. 33	0. 31
2016	0. 36	0. 36	0. 34
2017	0. 36	0. 36	0. 34
2018	0. 36	0. 36	0. 34

注：赫芬达尔—赫希曼指数（Herfindahl - Hirschman Index，HHI）等于单个挂牌公司在单个会计年度内各个大股东持股比例的平方和，是衡量股权集中度的指标。

资料来源：清华大学国家金融研究院上市公司研究中心课题组根据 Wind 数据计算、制表。

股转系统在2017年之后面临一定的困难局面，市场主体参与度下滑、市场功能有所下降、市场情绪总体趋于负面，一些公司提出了摘牌的申请。如图1所示，挂牌公司数量在2017年达到11902家后，呈现下降的趋势。

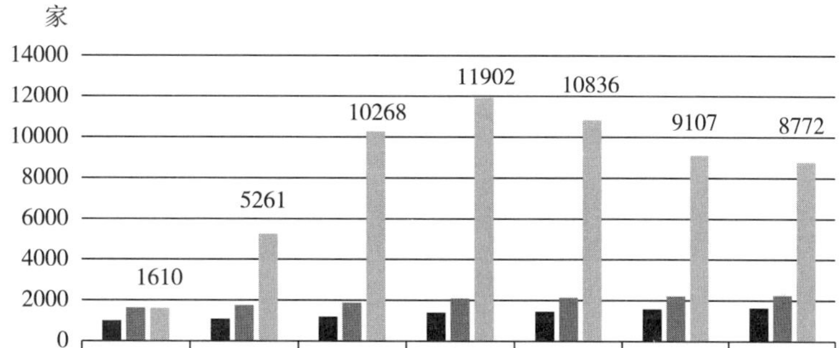

	2014	2015	2016	2017	2018	2019	2020–05
■上交所上市公司家数	995	1081	1193	1398	1453	1574	1634
■深交所上市公司家数	1618	1747	1874	2090	2134	2207	2242
■新三板挂牌公司家数	1610	5261	10268	11902	10836	9107	8772

图1　沪深交易所上市公司和股转系统挂牌公司家数（2014年至2020年5月底）

（资料来源：清华大学国家金融研究院上市公司研究中心课题组根据Wind数据计算、制图）

当时，市场普遍的看法是，股转系统的问题是流动性不足，而提高流动性的办法是改革交易制度，即实行交易所市场的连续竞价机制。但是，正如前文所分析的，导致股转系统流动性不足的根本原因，并非是交易制度不够“先进”，而是挂牌公司未经公开发行直接挂牌所导致的股权高度集中和投资者结构单一。

（四）以精选层的建立实现股转系统发展的重大跨越

针对这种情况，笔者认为，只有系统性的改革才能够实现股转系统的实质性变化。在当时股转系统的万余家挂牌公司中，有3000多家达到了公开发行并在交易所市场上市的财务指标。如果在现有的两个分层的基础上，建立更高的精选层，并实行公开发行制度，就可以改善股转系统挂牌公司的股权结构和投资者结构。笔者曾在给有关部门的建议中提出了建立精选层的几点建议，包括：（1）试行小额公开发行制度；（2）比照公开发行并上市，提高精选层信息披露要求；（3）适当放宽投资者适当性要求；（4）完善做市商制度；（5）建立存量股份拍卖制度。

建立精选层的目的是以一个可以公开发行的市场，为股转系统改善挂牌公司股权结构和投资者结构，在改善市场流动性的同时，提升市场吸引力，并带动市场对创新层和基础层公司的关注，从而完善整个股转系统的生态环境，发挥其支持企业发展的目的。同时，精选层的建立使股转系统成为与沪深交易所并行的交易场所。与两个交易所一样，它也可以提供全方位的资本市场服务，并以其差异的市场发行、交易等机制参与市场竞争，从而带动整个市场服务效率的提高和服务范围的扩大。

建立精选层的方案得到了有关部门的认可。2019 年 10 月 25 日，证监会发布《证监会启动全面深化新三板改革》一文。文件肯定了股转系统改革是我国“全面深化资本市场改革的重要一环”，并根据“提高信息披露质量，防范市场风险，促进中小企业规范发展”为核心的要求提出重点推进的改革措施：“一是优化发行融资制度，按照挂牌公司不同发展阶段需求，构建多元化发行机制，改进现有定向发行制度，允许符合条件的创新层企业向不特定合格投资者公开发行股票。二是完善市场分层，设立精选层，配套形成交易、投资者适当性、信息披露、监督管理等差异化制度体系，引入公募基金等长期资金，增强新三板服务功能。三是建立挂牌公司转板上市机制，在精选层挂牌一定期限，且符合交易所上市条件和相关规定的企业，可以直接转板上市，充分发挥新三板市场承上启下的作用，实现多层次资本市场互联互通。四是加强监督管理，实施分类监管，研究提高违法成本，切实提升挂牌公司质量。五是健全市场退出机制，完善摘牌制度，推动市场出清，促进形成良性的市场进退生态，切实保护投资者合法权益。”12 月 10 日至 12 日，中央工作经济会议在北京举行，会议确定了 2020 年的重点工作，在第六条“深化经济体制改革”中提出“稳步推进创业板和新三板改革”。10 天后，中共中央、国务院发出《关于营造更好发展环境支持民营企业改革发展的意见》，提出“完善民营企业直接融资支持制度”，深化“新三板改革，服务民营企业持续发展”。

三、股转系统将在新《证券法》赋予的法律定位上加快改革创新

从中关村试点方案的制订开始，一直都遵循《证券法》关于公开发行股票的交易制度和交易所规范要求，并在 2005 年《证券法》第一次修订提供了法律空间时启动了试点。2019 年 12 月 28 日，第十三届全国人民代表大会常务委员会第十五次会议通过了《证券法》第二次修订。新《证券法》引入“证券交易场所”的概念，明确了全国性证券交易场所包括证券交易所和国务院批准的其他全国性证券交易场所，并在第三十条规定“公开发行的证券，应当在依法

设立的证券交易所上市交易或者在国务院批准的其他全国性证券交易场所交易”，为股转系统的发展奠定了坚实的法律基础。

新《证券法》不仅赋予股转系统全国性证券交易场所的法律地位，也给予其实施注册制的条件。按照新《证券法》第九条，公开发行就可以“向不特定对象发行证券”，“不特定对象”就意味着不需要对投资者提出资格要求，无须是所谓的“合格投资者”，这为股转系统的投资者扩大提供了法律基础。而注册制以信息披露为核心，不以公司的规模和盈利水平作为“准入门槛”，从而使股转系统服务中小企业融资的目标得到更好的实现。

新《证券法》正式实施前夕，国务院发布了《关于贯彻实施修订后的证券法有关工作的通知》（国办发〔2020〕5 号），明确指出“分步实施股票公开发行注册制改革”，证监会要会同有关方面“进一步完善科创板相关制度规则，总结科创板、创业板注册制改革经验，积极创造条件，适时提出在证券交易所其他板块和国务院批准的其他全国性证券交易场所实行股票公开发行注册制的方案”，进一步为股转系统按照注册制实施公开发行提供了制度基础。

在精选层尽快实施注册制和更为宽松的投资者适当性制度，并辅之以与之相适应的交易制度，以及以信息披露为核心的并购和再融资制度，将使股转系统与证券交易所不再具有实质性的区别了，它将与交易所一起，更好地服务于实体经济和社会经济发展。

期货、期权与保险的风险管理功能比较及协同发展意义

李自然* 张晟畅** 鹿 波***

摘 要：期货、期权等衍生品与保险一样具有风险管理功能，但它们在设计上也存在很多差异，从而使这些合同工具在不同的适用场景发挥服务国民经济的功能。随着现代金融设计理念的进步，这些工具也在不断发展完善，在风险管理领域交叉融合，协同发挥作用。随着国内期权产品的不断丰富，期货+期权的产品线架构将推动我国场内金融衍生品从管理方向性风险拓展至管理波动性风险，实现金融风险类型的全覆盖。同时，完备的金融期货、期权产品线可以更好地与具有保险性质的各种机制安排（如存款保险机制）等其他风险管理工具协同发挥管理和防范金融风险、维护金融安全稳定的功能。

关键词：期货 期权 保险 风险管理

一、基本概念

根据《保险法》，保险是指投保人根据合同约定，向保险人支付保险费，保险人对于合同约定的可能发生的事故因其发生所造成的财产损失承担赔偿保险金责任，或者当被保险人死亡、伤残、疾病或者达到合同约定的年龄、期限等条件时承担给付保险金责任的商业保险行为。

* 李自然，北京金融衍生品研究院副院长。

** 张晟畅，北京金融衍生品研究院高级研究员。

*** 鹿波，北京金融衍生品研究院高级研究员。

期货合约是由期货交易所统一制定的、规定在将来某一特定的时间和地点交割一定数量和质量标的物的标准化合约。期权合约是关于在将来一定时间以一定价格买卖特定商品的权利的合约，具体来说，买方向卖方支付期权费后，拥有在未来一段时间内或未来某一特定日期，以事先规定好的价格向卖方购买或出售一定数量的特定商品的权利，但买方不负有必须买进或卖出的义务。

尽管期货、期权和保险是不同的合同工具，但在合约设计和风险管理功能发挥上，它们之间既有区别又有联系。

二、期货、期权与保险的风险管理功能比较

（一）期货、期权与保险合同性质的比较

从合同的供求关系、双方权利义务等方面来看，期货合约交易双方权利对等、损益对称；双方既是合同的提供方，也是需求方，互相都不会向对方支付和收取费用。期权、保险产品的买方拥有权利，卖方承担义务；买方损失有限，收益无上限或上限很高，卖方则收益有限，损失无上限或上限很高；买方是合同需求方，卖方是合同提供方，由买方向卖方支付费用购买产品。从合同格式、具名方式、交易场所和流动性来看，期货、场内期权合约是格式化、标准化合约，以交易所集中交易为主，交易双方是匿名的，可以进行集中的开平仓，实现类似证券的集中交易，流动性高。场外期权、保险一般是柜台交易，交易双方是实名的，虽然也是格式化合同，但是具体的条款可能是个性化定制的，因而流动性较差或几乎不具有流动性。从交易结构来看，期货、场内期权一般是多对多，场外期权是一对一，保险一般是星形中心结构，由多客户面对一家保险公司。从风险补偿来看，期货、期权产品是补偿失去的机会也补偿损失，而保险只补偿损失。如表 1 所示。

表 1　合同性质比较

	期货	场内期权	场外期权	保险
合同供求关系	交易双方既是合同的提供方，也是需求方	买方是合同需求方，卖方是合同提供方		
双方损益	双方损益对称	买方损失以付费为限，收益无上限或上限很高（保险以定损为限）；卖方收益以收费为限，损失无上限或上限很高		

续表

	期货	场内期权	场外期权	保险
权利义务	双方权利对等	买方是权利持有方（行权选择权、赔付要求权）；卖方是义务承担方（行权义务、赔付义务）		
费用	无费用	买方付费、合同提供方收费		
合同格式	格式化、标准化合约		格式化、非标准化	
具名方式	匿名		实名	
交易场所	交易所集中交易、柜台大宗交易		柜台交易	柜台交易或再保险交易可以在保险交易所交易
流动性	高流动性： 可在交易所进行集中的开仓、平仓，实现类似证券的集中交易		流动性差： 有限转让	流动性很差： 一般投保人之间不可转让，投保人与保险公司可以终止或重签合同
交易结构	多对多、一对多、一对一		一对一	星形中心结构：多客户——保险公司
风险补偿	补偿失去的机会，也补偿损失		只补偿损失	

（二）功能特点及风险管理机理的比较

从产品功能等方面来看，期货、期权产品具有风险管理和投机功能，保险具有风险管理功能。但是，我们不能将期货、期权产品的风险管理和投机功能割裂开来。期货、期权产品管理的一般是市场的不确定性，这种不确定性既可能是风险，也可能是收益。有的投资者看重的是其规避风险所带来的风险管理功能，有的投资者看重的是其收益所带来的投机功能，这是一个硬币的两面。

从风险转移机理来看，期货和期权的参与各方通过市场化的交易来锁定标的物未来价格或价格变动，从而帮助参与者规避风险，实质上是一种风险转移机制，如套期保值者可以将基础资产市场的风险转移给市场的投机者。期货期权产品的价格作为风险管理的基准，是集全市场众多参与者的集体智慧而交易产生的。保险集中大量同质风险，根据大数定律①将个体风险单位遭遇损失的不确定性转化为风险单位集合的损失的确定性，进而预测出该风险集合的损失

① 所谓大数定律，是指用来说明大量的随机现象由于偶然性相互抵消所呈现的必然数量规律的一系列定理的统称。比如抛一枚硬币，虽然不能准确预言每次抛得的是正面还是反面，但若经过独立抛掷充分多次数之后，出现正面的频率与50%很接近，即在大量的随机现象里，各自的偶然性在一定程度上可以相互抵消、相互补偿，因而有可能显示出某种必然的法则。

总额，再在各风险单位间进行分摊，以预交保费形成的保险基金对损失给予补偿或给付。因此，保险是一种基于大数定律的损失分摊、互助共济的风险管理模式。保险价格主要是基于专业机构的精算结果。如表2所示。

表2 功能特点及风险管理机制比较

	期货	场内期权	场外期权	保险
使用目的和功能	风险管理+投机			风险管理
价格确定基础	市场集体智慧			保险机构的专业精算
风险转移机理	风险转移： 套期保值者将基础资产市场的风险转移给市场的投机者			损失分摊、互助共济： 投保人通过付费将风险转移给保险公司，保险公司借助大数法则，将收取的费用进行损失分摊

（三）适用场景的比较

从标的来看，期货、期权产品的标的现货是商品、金融商品或经济指标，目标变量是市场价格或指标变动；保险产品的标的是人身和财产，目标变量是损失金额。从目标风险来看，期货、期权的目标风险类型是机会风险，包括损失、未能取得的收益，这类风险对不同主体效用不同，对买卖双方的效用正好相反，总的得失为零；保险的目标风险类型是纯粹的风险，包括遭受的实际损失，这类风险对当事人及社会均具有负效用。从目标风险的数学性质来说，期货的目标风险是方向性的、线性的，期权（包括不同组合构造）可以管理的目标风险有的和期货一样是方向性的风险、线性的风险，有的是非方向性风险（如波动率风险）、非线性风险，有的则与保险产品一样是单向的方向性风险。从产品的使用者来看，期货产品的使用者更多的是专业的交易者，期权的使用者也是专业的交易者，但是与保险产品类似，卖方的专业性更强，保险产品一般是非专业的买方和专业的卖方。如表3所示。

表3 适用场景

		期货	场内期权	场外期权	保险
标的	标的现货	商品、金融商品或经济指标			人身和财产
	目标变量	市场价格或指标变动			损失金额

续表

		期货	场内期权	场外期权	保险
目标风险	风险的类型	机会风险：损失、未能取得的收益			纯粹风险：仅限遭受的实际损失
	风险的影响	风险对不同主体效用不同，对买卖双方的效用正好相反，总体为零			风险对当事人及社会是负效用（如巨灾、车损）
	风险的数学性质	双向的方向性风险（线性风险）	非方向性、非线性风险、波动率风险、双向的方向性风险、单向的方向性风险		单向的方向性风险
使用者		专业的交易者	专业的交易者，但卖方专业性更强		非专业的买方、专业的卖方

三、期货、期权与保险在风险管理领域的交叉融合

由于期货期权等衍生品与保险在合同性质方面相似，在功能和适用场景方面自然会有一定的交叉。比如，农产品价格保险和农产品期货都可用于管理市场价格风险的场景，只是用户不同。本文给出它们在风险管理领域的几个重要的交叉，并附相应案例进行说明。

（一）期货期权向保险的延伸：巨灾衍生品

保险的风险管理原理是损失分摊、互助共济。这要求被保险个体发生风险的概率是相对独立的，保险公司基于大数定律获得可持续开展业务的资本。但天然巨灾，一般集中在一个地理区域，且风险不互相独立，由此保险风险管理的理论前提可能无法满足，换言之，当面对巨灾风险时，大数定律不再适用。

巨灾损失导致保险公司破产概率陡然增加，巨灾衍生品的积极意义在于，通过巨灾衍生品，保险现金流流向可交易的衍生品，通过衍生品的交易将保险风险转移到资本市场，巨灾衍生品作为资本市场工具，允许在保险和再保险领域以外，对巨灾风险进行再分配和交易，这相当于扩展了巨灾保险的融资渠道，以资本市场形成传统保险市场的补充。一个典型例子见附件2。

（二）保险向期货期权的延伸：从违约保险到信用违约互换

信用违约互换（CDS）是1995年由摩根大通首创的一种金融衍生产品，它可以被看作是一种金融资产的违约保险。CDS的基本理念是为债券的购买者提供信用风险保护：CDS的买方向卖方支付保险费，如果债券违约，CDS的买

方将获得来自 CDS 卖方的补偿。因此，CDS 也被认为是一种保险产品。

但 CDS 本质还是金融衍生品，对信用保护买方而言，它可以被视为一种无期限的看跌期权，从而具有区别于传统保险产品的三大特征：一是保险合同大多不进行交易，而 CDS 具有活跃的场外交易市场。二是 CDS 的买方不必持有债券，但保险合同要求被保险者首先要持有可能违约的债券，因此 CDS 的买方不一定是需要获得风险补偿，而只是在博弈标的债券是否可能违约。三是不同于保险公司，CDS 的卖方不被要求维持特定的准备金，但违约发生时，CDS 卖方必须向买方赔付，这样可能导致 CDS 卖方的破产。

（三）期货与保险的业务协同：保险 + 期货

保险 + 期货是保险产品和期货产品合作的一种业务模式。风险转移链条：投保者→保险公司→期货公司→期货市场，期货市场在这种模式中扮演了再保险的角色。使用衍生品进行风险转移的再保险机制在国外市场已有探索，尤其在巨灾等保险公司承保能力不足的场景中，保险公司承保之后，通常会买入巨灾债券、巨灾期权等将风险进一步转移至资本市场。

保险 + 期货改变了我国很多基础产品的风险转移方式。以农产品为例，原本由农户承担的价格波动风险，现在通过保险 + 期货传导至期货市场。过往政府财政对农产品的补贴也因此改变了补贴方式，财政只需要投入很小资金便可以保障农户的基本收入，极大缓解了各级政府的财政压力。

以大商所大豆期货为例，根据期货日报统计，2016—2018 年，大豆“保险 + 期货”项目共 34 个，102 家农业合作社参与，赔付金额 8726 万元，惠及贫困户 2.4 万户次，相当于户均收入增加 821.9 元。更重要的意义在于，保险 + 期货的模式可以稳定农户的收入预期，引导各类生产要素在农业领域合理配置。

（四）全面风险管理下的协同

按照不同的分类方法，风险有不同的分类。在具体管理风险时，可以按照诱发风险的原因对风险进行分类，包括市场风险、流动性风险、信用风险、操作风险、国家风险、法律风险、声誉风险、战略风险等。如图 1 所示。这些大类风险之间并不是割裂的，而是在一定条件下可以相互溢出和转化的。例如，银行内部的操作风险可能会外化为信用风险，保险机构的资产负债管理战略会受到利率下行的市场风险冲击等。

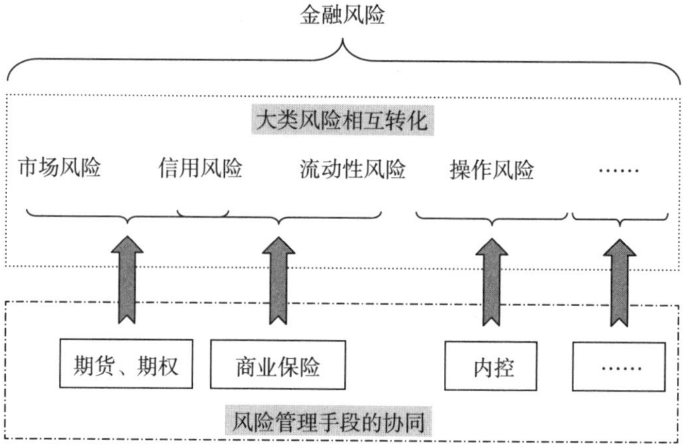

图1　全面风险管理架构

因此，一个全面的风险管理体系，应包含针对各种类型风险的管理工具的协同使用。一种类型的风险控制得当，可能对整个系统的稳定具有重要意义。期货期权作为市场风险的有效管理工具，可以与保险机制、内控机制等针对其他类型风险的管理手段协同发挥重要作用。例如，在金融领域，金融期货期权等市场风险管理工具，有助于优化金融机构之间的风险配置，减少市场风险对金融机构的冲击，从而促进金融系统的稳定。这有助于减小金融行业极端风险的出现（如银行流动性危机冲击下的存款兑付风险、证券公司破产导致的客户保证金损失风险等），从而为存款保险、投资者保护基金等金融行业的保险机制安排提供缓冲带，降低这些机制安排的成本。

四、我国金融市场构建完备的期货、期权产品线的意义

（一）从方向性风险到非方向性风险的全覆盖

2015 年，上证 50ETF 期权上市标志着我国场内金融期权的破冰。随着更多金融期权产品的筹备和推出，未来完备的“期货 + 期权”产品线架构将使我国场内金融衍生品从管理方向性风险（一阶矩、价格风险）有效拓展至管理非方向性风险（二阶矩、波动风险），实现对金融系统风险类型的全覆盖，这对金融市场特别是资本市场的健康稳定发展具有重要和积极的意义。

（二）与保险机制产生协同，促进全面风险管理，更好地维护金融安全

随着金融期权上市和产品的不断丰富，我国金融机构管理市场风险的工具箱进一步完备，能够更好地与金融行业针对破产风险、流动性风险等各种保险

机制安排（如存款保险机制、投资者保护基金、证券结算互保金机制等）以及针对其他风险的管理手段，协同发挥管理和防范金融风险的功能。这将有效促进金融系统特别是资本市场更好地实现全面风险管理，维护金融安全。

附件1：期货、期权、保险的合同性质、使用功能和适用场景比较总表

<table>
<tr><th colspan="2"></th><th>期货</th><th>场内期权</th><th>场外期权</th><th>保险</th></tr>
<tr><td rowspan="10">合同性质</td><td>合同供求关系</td><td>交易双方既是合同的提供方，也是需求方</td><td colspan="3">买方是合同需求方，卖方是合同提供方</td></tr>
<tr><td>双方损益</td><td>双方损益对称</td><td colspan="3">买方损失以付费为限，收益无上限或上限很高（保险以定损为限）；卖方收益以收费为限，损失无上限或上限很高</td></tr>
<tr><td>权利义务</td><td>双方权利对等</td><td colspan="3">买方是权利持有方（行权选择权、赔付要求权）；卖方是义务承担方（行权义务、赔付义务）</td></tr>
<tr><td>费用</td><td>无费用</td><td colspan="3">买方付费、合同提供方收费</td></tr>
<tr><td>合同格式</td><td colspan="2">格式化、标准化合约</td><td colspan="2">格式化、非标准化</td></tr>
<tr><td>具名方式</td><td colspan="2">匿名</td><td colspan="2">实名</td></tr>
<tr><td>交易场所</td><td colspan="2">交易所集中交易、柜台大宗交易</td><td>柜台交易</td><td>柜台交易或再保险交易可以在保险交易所交易</td></tr>
<tr><td>流动性</td><td colspan="2">高流动性：
可在交易所进行集中的开仓、平仓，实现类似证券的集中交易</td><td>流动性差：有限转让</td><td>流动性很差：
一般投保人之间不可转让，投保人与保险公司可以终止或重签合同</td></tr>
<tr><td>交易结构</td><td colspan="2">多对多、一对一</td><td>一对一</td><td>星形中心结构：多客户——保险公司</td></tr>
<tr><td>风险补偿</td><td colspan="3">补偿失去的机会，也补偿损失</td><td>只补偿损失</td></tr>
<tr><td rowspan="3">功能特点</td><td>使用目的和功能</td><td colspan="3">风险管理＋投机</td><td>风险管理</td></tr>
<tr><td>价格确定基础</td><td colspan="3">市场集体智慧</td><td>保险机构的专业精算</td></tr>
<tr><td>风险转移机理</td><td colspan="3">风险转移：
套期保值者将基础资产市场的风险转移给市场的投机者</td><td>损失分摊、互助共济：
投保人通过付费将风险转移给保险公司，保险公司借助大数法则，将收取的费用进行损失分摊</td></tr>
</table>

续表

		期货	场内期权	场外期权	保险
适用场景	标的现货	商品、金融商品或经济指标			人身和财产
	目标变量	价格或指标变动			损失金额
	风险的类型	机会风险：损失、未能取得的收益			纯粹风险：仅限遭受的实际损失
	风险的影响	风险对不同主体效用不同，对买卖双方的效用正好相反，总体为零			风险对当事人及社会是负效用（如巨灾、车损）
	风险的数学性质	双向的方向性风险（线性风险）	非方向性、非线性风险、波动率风险、双向的方向性风险、单向的方向性风险		单向的方向性风险
	使用者	专业的交易者	专业的交易者，但卖方专业性更强		非专业的买方、专业的卖方

附件2：CME 的 CHI 飓风指数二元期权介绍

CHI 飓风指数二元期权建立在 Carvill 飓风指数（以下简称 CHI 指数）基础之上。

$$CHI = \left(\frac{V}{V_0}\right)^3 + \frac{3}{2}\left(\frac{R}{R_0}\right)\left(\frac{V}{V_0}\right)^2$$

其中，R 是飓风半径，V 是飓风最高风速，下角标 0 代表参考值，其中 $V_0 = 74$英里/小时，$R_0 = 60$ 英里。

CHI 飓风指数二元期权只有买权交易，为美式期权，可在期权有价值时的任何时候进行交易，这种灵活性以及支持投机交易、允许提前平仓了结等场内衍生品的特点为该产品的活跃提供了很大的便利。另外，CHI 飓风指数二元期权选择了很好的标的指数，相较传统飓风指数，CHI 指数除了最高风力外，还包括飓风半径，因此风险计量更准确，且 CHI 指数具备连续性和右端非聚集性。这使 CHI 指数更适合作为衍生品的标的，CME 的 CHI 飓风指数二元期权也因此取得了成功。

未盈利企业公开发行的风险因素与监管对策研究①

杨翔翔* 邱 阳**

新三板在设立之初，就允许未盈利企业②挂牌，为许多颇具前景但尚未盈利的中小微企业提供了直接融资渠道，助力其快速成长。如今随着全面深化改革的推进，对于尚未盈利，但创新能力强、成长性好、市场认可度高的优质企业，新三板进一步提供了制度供给，允许其公开发行并进入精选层，为其打开了向上发展的"天花板"。然而，此类企业本身尚未形成稳定的盈利模式，盈利能力具有不确定性，投资风险相对较大，加之未来公开发行后，会形成更高的公众化程度，导致其风险外溢性极强，因而需要对其进行更为严格的监管。为此，我们将境内外市场未盈利企业上市实践经验与存量挂牌公司数据相结合，对未来可能进入精选层的未盈利挂牌公司进行了"画像"，分析其潜在风险，并从重点监管内容、监管方式两方面提出防控建议，为后续监管提供参考。

* 杨翔翔，全国中小企业股份转让系统有限责任公司公司监管二部经理。

** 邱阳，全国中小企业股份转让系统有限责任公司公司监管二部经理。

① 本文仅代表个人观点。全国中小企业股份转让系统有限责任公司公司监管二部宋敏对本文的修改也有贡献。

② 本文中未盈利企业指的是公司挂牌、进层、上市当年净利润为负，净利润取扣除非经常性损益孰低值。

（二）人才流失的风险

未盈利企业往往以技术创新为基础，公司产品的高附加值来源于核心技术人员的研发能力和技术水平，人才对研究和开发工作的持续运行有着重要影响。若企业核心技术人员大量流失，可能造成部分在研项目进度推迟甚至停止，无法进一步开发新的在研产品，给未盈利企业的长期可持续发展带来不利影响。此外，未盈利企业生产、销售、管理等团队的稳定也至关重要，若核心人员流失，则可能对企业持续经营造成不利影响。

（三）资金链断裂的风险

企业持续“烧钱”研发以及经营开支，可能面临资金不足甚至资金链断裂的风险。未盈利企业大都集中在“三新”产业，科技属性强，对技术和人才要求较高，客观上要求持续研发投入。而在稳定盈利之前，企业自身没有造血功能，只能依靠输血支持。如果企业研发失败或者投资人对公司行业前景、发展理念等产生怀疑，不再继续投入，未盈利公司将迅速陷入经营困难甚至破产，如 OFO 小黄车在资金链断裂后几乎被行业清出。

（四）二级市场价格不稳定的风险

对未盈利公司，投资者无法通过其现阶段盈利能力直观判断其商业价值，加之其技术研发及商业模式的专业性、创新性，带来的可炒作概念题材众多，易受市场追捧，普通投资者可能对未盈利企业不具备专业的判断能力和风险分散能力。任何“风吹草动”都会让普通投资者“用脚投票”，过度反应将导致股票价格异常波动，增加二级市场的不稳定性。

三、境内外未盈利企业的上市监管实践

从境外市场来看，美股和港股两个发达资本市场已有未盈利上市企业的先例。美股对于未盈利公司上市没有行业限制，行业分布较广，既有来自互联网、软件、生物医药等科技行业，也有来自商务服务、零售服务、消费行业的未盈利公司。在未盈利企业准入方面，美股对未盈利企业展现了极大的接纳度，以纳斯达克为例，整体未盈利公司占比为47%，未盈利已成为主流画像①。港股对于未盈利企业还较为谨慎，目前仅允许未盈利的生物科技企业上市，生

① 参见第一财经报道，未盈利是纳斯达克企业主流画像，新经济公司定价需多面结合，https://www.yicai.com/news/100240539.html。

物科技公司明确为“主要从事生物科技产品研发、应用或商业化发展的公司”，且对药物研发阶段、营运资金、前期投资等都有较为严格的要求，因此目前获准上市的企业数量还较少。

从境内市场来看，科创板率先允许未盈利的企业上市，但限制在新一代信息技术、高端装备、新材料、新能源、节能环保以及生物医药等高新技术行业。从科创板开始受理到2020年4月底，共有253家公司申报，其中有24家为未盈利公司，目前获准上市的公司仅8家，占上市公司总量的3.64%；其中4家为生物医药研发企业。从审核关注的重点来看，科创板主要聚焦未盈利企业是否全面披露了未盈利的原因、影响以及未来能否实现盈利的相关信息，并向投资者提示未盈利状态带来的风险以及对投资者的保护措施及承诺等（见表1）。

表1　科创板审核未盈利企业关注重点①

要点	关注内容
原因分析	应结合行业特点分析并披露该等情形的成因，还应说明尚未盈利或最近一期存在累计未弥补亏损是偶发性因素还是经常性因素导致
影响分析	应充分披露尚未盈利或最近一期存在累计未弥补亏损对公司现金流、业务拓展、人才吸引、团队稳定性、研发投入、战略性投入、生产经营可持续性等方面的影响
趋势分析	应当披露未来是否可实现盈利的前瞻性信息，对其产品、服务或者业务的发展趋势、研发阶段以及达到盈亏平衡状态时主要经营要素需要达到的水平进行预测，并披露相关假设基础；应当分析并披露在上市后的变动趋势
风险因素	应充分披露相关风险因素。未盈利状态持续存在或累计未弥补亏损继续扩大的，应分析触发退市条件的可能性，并充分披露相关风险
投资者保护措施及承诺	应当披露依法落实保护投资者合法权益规定的各项措施；还应披露本次发行前累计未弥补亏损是否由新老股东共同承担以及已履行的决策程序；披露其控股股东、实际控制人和董事、监事、高级管理人员、核心技术人员按照相关规定作出的关于减持股份的特殊安排或承诺

① 参见《上海证券交易所科创板股票发行上市审核问答》要求。

四、新三板精选层潜在标的中未盈利企业的特征分析

通过对现有挂牌公司2018年、2019年年报数据进行测算，并结合前述境内外市场未盈利企业上市实践经验，我们对未来精选层未盈利挂牌公司的特征作出如下分析。

（一）未盈利企业进入精选层数量有限

以2018年、2019年财务数据来看，符合精选层进层条件的共计1646家公司[①]，其中2019年净利润为负的企业仅114家，占比6.9%；2018年、2019年连续两年净利润均为负的企业有70家，占比4.3%，与科创板上市企业中未盈利企业情况较为接近。考虑到申报意愿及申报审查情况，最终进入精选层的数量可能更加有限。

（二）行业较为集中，未来可能接近中概股

从存量企业来看，符合精选层条件的未盈利企业排名前五的行业分别是软件和信息技术服务业、互联网和相关服务、医药制造业、计算机通信和其他电子设备制造业、专业技术服务业，合计占比70%，均为科技含量高的新兴行业。我们统计了在美国上市的中概股，在上市当年利润为负的94家企业中，有65%的企业集中在软件与服务、消费者服务、零售业[②]。以发展的眼光来看，随着中国经济结构转变以及居民消费升级，服务产业兴起。未来，精选层的未盈利企业行业分布可能接近中概股，集中在信息技术、互联网、新兴消费上。科创板、港股对未盈利企业上市有行业上的限制，新三板精选层的第二套标准、第三套未限制行业，这点与美国市场较为接近。不排除今后融资效果放大后，拟海外上市的未盈利企业选择新三板精选层挂牌。

（三）“新产业、新业态、新商业模式”特征明显

通过分析精选层潜在标的企业中未盈利公司，“三新”特征明显。从产业上看，多数未盈利企业研发能力强，应用新科技成果、新兴技术形成前沿产业，如5G技术、人工智能、生物科技等。代表企业有杭州某专注于3D数字化与3D打印技术自主研发的企业，产品已应用于工业制造、生物医疗、创意消

---

① 测算仅考虑公司2018年、2019年两年财务数据，未考虑行业、市值等因素，为扩大样本范围，纳入符合创新层进层发行条件的基础层企业。

② 为了与新三板精选层保持一致，中概股剔除了金融行业。

费等领域；上海某专业集成电路测试企业，目前正开展20GHz晶圆产品测试方案研究、人工智能芯片测试研发，发展前景广阔。从业态上看，未盈利企业顺应多元化、个性化的产品或服务需求，依托技术创新和应用，从现有产业和领域中衍生叠加出了新环节、新链条，如传统行业嫁接互联网+转型升级，代表企业有郑州某从事教育信息化的企业，将传统教育与互联网相结合，专注互联网教育云的教育信息化系统平台研发，满足广大中小学生在家学习的需求。从商业模式上来看，尚未盈利企业对经营的各种内外要素进行整合和重组，形成高效并具有独特竞争力的商业运行模式。代表企业有上海某互联网传媒企业，围绕“新闻+政务+服务”的多元化、多层次业务模式，在依托新闻媒体业务的同时，不断发展政务业务，服务政府信息化建设，并在此基础上，深挖社区O2O业务，以公共文化服务、社区电商、便民服务、信息发布业务为核心，形成线上线下配套的完整业务格局。

五、新三板精选层未盈利企业的监管机制

精选层未盈利企业市场关注度高、风险外溢性大，要着力强化市场监管，守牢风险底线。针对未盈利企业产品研发失败、人才流失、资金链断裂以及市场炒作的风险，可从以下两个层面，对四个重点维度进行关注。

（一）监管关注的重点

1. 企业经营层面

（1）从研发到推广，密切关注产品进展

关注精选层企业产品的进展，对于出现研发失败、资金断裂、商业化不及预期的迹象，要提醒公司及时、完整地进行风险揭示。不同于盈利公司，尚未盈利的精选层公司没有业绩支撑，投资者最关心的是产品的情况。在日常监管中，要密切跟踪企业进展，根据其所处的发展阶段、行业以及类型，提示公司及时、有针对性地进行信息披露。如生物制药公司创新药的研发，临床二期和临床三期明显不同，前者初步评价药物的安全性、有效性，后者大规模进行临床试验来评价药物的疗效；前者研发支出费用化，后者研发资本化；临床三期过后药品申请上市许可，与同类产品是否有价格和疗效的优势，能否进入医保目录，整个过程是否有稳定持续的投入等都至关重要。未盈利企业在每个阶段的关注点和风险程度明显不同，密切关注产品进展，在发现研发、资金紧张、推广不力等风险迹象后，及时采用公开问询等手段，督促公司披露出关键

信息。

（2）从团队到激励，洞察潜在风险

团队的稳定是企业发展的基石，新兴产业对人才的依赖度越来越高，尤其是具备核心技术的未盈利企业。资本市场也越发重视核心员工的稳定性，科创板对企业核心技术员工的股票就有专门锁定期的安排。在日后的精选层监管中，也要关注未盈利企业团队的稳定性，尤其是关键人员的变动，警惕人才流失风险。

出于减轻现金流压力以及激励核心人才的考虑，精选层未盈利企业通常会选择对员工进行股权激励。但在实际操作中可能会设置较为容易实现的考核目标，存在损害挂牌公司及全体股东利益的情形。还可能以较低的价格向不恰当的激励对象授权，背后可能存在关联关系或股份代持等利益安排，达到变相向激励对象输送利益的目的。在日常监管中，要重点关注股权授予对象、价格及条件的合理性。

2. 企业资本市场层面

（1）警惕股权质押风险，补充制度安排

精选层未盈利企业容易产生资金流紧张，比其他企业更可能通过股权质押进行融资。股权质押是一把“双刃剑”，可以帮助企业纾解短期困难，也可能因为股价大幅下跌触及平仓线导致公司实际控制权易主。因此，在监管中要密切关注未盈利企业股权质押比例，警惕爆仓风险。另外，针对精选层企业特点，应尽快对股权质押问题进行制度约束，如规定质押比例上限，股价波动过大的不得质押、对不同质押比例提出不同的信息披露要求等，防范精选层企业盈利的不确定性带来的股权质押风险。

（2）防范热点炒作，稳定市场预期

未盈利企业大都属于新兴行业，自带“题材概念”属性，加之企业尚未扭亏为盈，投资者对于公司迎合时下热点的各种“利好”“利空”的消息更为敏感，使公司、大股东及其他利益相关方很容易通过不正当的宣传方式，拉高、拉低股价，谋取不正当利益。因此，在日常监管中，必须保持高度的信息敏感性，扩大监控范围，除审查公告之外，对微博、微信等媒体传播的信息也应加以关注。对迎合市场热点进行蹭热点、概念炒作的行为快速反应，加强问询；对各类“报喜不报忧”“添油加醋”“云山雾罩”的信息披露违规行为从严监管，严肃处理，还投资者一个真实、透明、合规的市场。

（二）监管方式的创新

根据分析，我们认为未来精选层未盈利企业数量不会太多，企业行业集中度高、具有“新产业、新业态、新商业模式”的特征，未盈利的原因可能是产品处于研发阶段、推广阶段或者产品尚未成熟。针对上述特点，我们将重点采取以下监管方式。

1. 实施重点行业监管，进行差异化信息披露

精选层企业行业集中度高，实施重点行业监管有助于提升监管效能。未盈利企业所属行业不同、亏损原因不同，潜在的风险点也不同，分行业监管可以根据行业特征、企业类型、所处阶段，发现公司特性问题，从而实施不同的监管策略。

对于生物医药、新材料、信息技术等技术创新型公司，一是要求其全面、详细地披露其核心研发项目进展，并结合行业特点分析研发风险及技术优势；二是要求其以临时报告的形式及时披露对行业产生重大影响的政策变动；三是参考董、监、高变动披露要求，要求其充分披露核心技术人员的变动情况。

对于互联网服务等商业模式创新型公司，要求其围绕用户规模将以下三类信息作为披露内容：一是总用户量、活跃用户量、付费用户量；二是用户量的增长率、用户的黏性；三是用户的转化率及持续性评估，即用户能否转化为现实的购买，以及用户在线时长是否具有稳定性及持续性。

2. 提出信息披露特性要求，兼具专业性与可读性

精选层未盈利企业大都处于“新产业、新业态、新商业模式”为代表的新兴行业，很多前沿行业专业名词晦涩难懂，可能有的信息披露令投资者看不懂、不愿看，实际效果不佳。新《证券法》第七十八条在原来“真实、准确、完整”的要求基础上，增加了“简明清晰，通俗易懂”的规定。从可读性来看，应重点体现挂牌公司在业务模式、盈利模式等方面的鲜明特点，定性与定量、价值与风险多维度披露公司经营概况，提高信息披露的可比性和有效性。从专业性来看，目前年报披露模板已经有行业信息的部分，可适时在重点行业重点领域的临时公告模板中增加披露信息，提高披露效果。同时在已有的 11 个行业信息披露指引基础上，继续优化完善，着重扩大新兴行业信息披露的覆盖面。

3. 规范公司治理，加大处罚力度

未盈利公司由于产品处于研发阶段、推广阶段或者尚未成熟，未形成稳定

的经营模式，规范公司治理对未盈利企业更为重要。在尚未利润流入的情况下，公司董事长、控股股东、实际控制人等主体可能会采用资金占用、违规减持等方式进行套利。日常监管中应加强对未盈利公司募集资金、内幕知情人的监管，对违规行为保持高压态势。未盈利企业尤其要加强股东监督，公司治理规则增加了网络投票、累积投票制、独立董事等新要求，在实操中要防止各项制度流于形式，避免一股独大，保障公众股东权利。另外，要加重违法违规处罚，强化自律监管、常态行政监管，对存在重大违法违规、给市场造成不良影响的公司，应加大市场出清力度，使其真正敬畏市场、敬畏法治。

4. 提升监管效能，强化监管手段

不同于过去海量公司监管，未来精选层未盈利企业面临的问题将更为复杂、风险更为多样，需要进一步精细化监管。一是着重发挥公开问询的约束作用，促使企业更充分地披露信息。目前，新三板公开问询主要集中在定期报告，日常性的公开问询有限。未来可率先在精选层推动日常性公开问询的常态化，对重点未盈利公司进行“刨根问底”，使其风险暴露在“阳光”下。二是持续优化科技监管系统，提升监管效能。新三板目前的利器系统主要应用在定期报告的财务预警，未来可拓宽覆盖范围，在精选层未盈利公司原因、风险揭示方面发挥更大作用。三是充分发挥保荐机构等中介的作用，加大中介机构对公司的事前审查力度，在新的券商评价体系中对精选层督导券商赋予更大评分权重，把好精选层未盈利企业风险防范的第一道关。四是加强监管联动，健全现场检查机制。未盈利公司的潜在风险事件，可能需要多方配合才能发现端倪，如信息披露和交易监察的联动、一线监管和证监会各派出机构的合作等，形成监管合力。另外，精选层现场检查应有的放矢，突出重点。未盈利企业涉众性较强、风险较高，在现场检查中应给予更多关注。五是加强投资者教育，倡导理性投资。积极开展精选层相关投资者教育活动，普及生物医药、新材料、信息技术等高新行业相关的投资知识，帮助投资者合理把握未盈利公司的估值和发行定价，正确认识精选层挂牌公司价值，稳定市场预期，引导投资者理性参与投资。

专题集萃

新三板市场后台结算体系的共性及特点

曾　娟*

摘　要： 全国股转系统（新三板市场）作为经国务院批准成立的全国性证券交易场所，与沪深交易所形成三足鼎立的场内市场格局，三个市场的发行、上市/挂牌、交易、板块/分层等“前台”业务各有特色。按照《中华人民共和国证券法》，三个市场的证券账户、证券登记存管、证券结算等“后台”业务，均由中国证券登记结算有限责任公司（以下简称中国结算）集中统一办理。中国结算的业务范围覆盖广泛，本文聚焦于中国结算作为结算机构（也称中央对手方或CCP）为新三板市场提供证券资金结算服务展开论述和探讨。

关键词： 新三板　结算　共性　特点

一、三个市场的结算体系的共性

中国结算京、沪、深分公司分别为新三板、上交所、深交所市场办理证券交易达成后的结算业务。按照集中统一运营的法定要求，三个市场的后台结算体系基本一致，具备诸多共性。

（一）遵循国际结算机构的一般原则和目标

按照国际清算银行的支付及市场基础设施委员会（CPMI）和国际证监会

* 曾娟，中国证券登记结算有限责任公司北京分公司结算业务部副总监。

组织（IOSCO）颁布的《金融市场基础设施原则》（PFMI①），并结合我国证券市场实践，中国结算开展结算业务的原则和目标主要包括：（1）稳健管理中央对手方的风险，确保结算体系安全。（2）提供高效的结算服务，提升全市场效率。（3）规范统一与机动灵活相结合，适度满足交易前台和市场相关方的个性化需求。

（二）适用相同的基本结算原则

根据《证券法》和中国证监会《证券登记结算管理办法》，基本结算原则包括：

1. 分级结算原则，即中国结算负责办理中国结算与结算参与人之间的集中清算交收，结算参与人负责办理结算参与人与客户之间的清算交收。

2. 法人结算原则，即拟参与结算业务的机构，须以法人名义申请成为结算参与人；中国结算以结算参与人为单位办理结算业务。

3. 货银对付（Delivery vs. Payment，DVP）原则，即中国结算提供多边净额结算服务时，当且仅当结算参与人交付资金时中国结算向其给付证券、结算参与人交付证券时中国结算向其给付资金。按货银对付原则进行结算是中央对手方控制本金风险的基本措施。

（三）实施统一的外部和内部风险管理制度

1. 外部的风险防控基础性制度

对中国结算而言，外部的风险防控基础性制度是指由监管部门推动实施的、旨在降低系统性交易结算风险的相关基础性制度安排，主要包括：

（1）客户交易结算资金第三方存管制度。为落实国务院《证券公司监督管理条例》（国务院令第522号）第三十七条②关于证券公司经纪业务的“全额保证金”要求，三个市场均实施客户交易结算资金第三方存管制度，即由第三方存管银行存管经纪客户资金，由证券公司对客户的买入交易实施资金的前端监控，同时由中国证券投资者保护基金公司每日监测客户资金运行情况。证券

① PFMI于2012年颁布，适用于全球证券和期货行业的五类主要的金融市场基础设施（支付系统PS、中央证券存管机构CSD、中央对手方CCP、证券交收系统SSS、交易信息集中报告库TR）及其监管机构，是该领域国际标准的集大成者。中国结算作为CSD、CCP、SSS，应尽量遵循PFMI。

② 第三十七条 证券公司从事证券经纪业务，应当对客户账户内的资金、证券是否充足进行审查。客户资金账户内的资金不足的，不得接受其买入委托；客户证券账户内的证券不足的，不得接受其卖出委托。

经纪业务基本避免了交易环节的买空行为和结算环节的资金交收违约风险。

（2）证券前端监控制度。为落实上述第三十七条规定的“全额保证券”要求，三个市场均实施证券前端监控制度，即由证券交易场所和证券公司对投资者的卖出交易实施两层的证券前端监控，基本杜绝了交易环节的证券卖空行为和结算环节的证券交收违约风险。

（3）其他的基础性制度。如证券公司分类监管制度、投资者保护基金制度、证券公司风险处置制度等。

上述基础性制度除了满足监管需要，也对防范和化解交易结算风险、保障结算系统安全运行发挥了至关重要的作用。

2. 内部的风险管理制度

对中国结算而言，内部的风险管理制度是指中国结算对结算参与人实施的、旨在防控特定结算风险的制度和措施，主要包括“三金”（结算备付金、结算保证金、结算风险基金的统称）和其他风控措施。

（1）结算备付金制度。结算备付金是指结算参与人存放在中国结算为其开立的结算账户中、用于证券交易及非交易结算的资金。各结算参与人的结算备付金账户需保留最低限额，该限额可用于资金交收，但不可取款。结算备付金制度通过“事前”存放一定结算资金的方式，降低了结算参与人发生资金交收违约的可能性，同时降低了中国结算面临的信用风险①。

（2）结算保证金制度。结算保证金是指由结算参与人和中国结算共同缴纳，用于在结算参与人交收违约时提供流动性保障，并对交收违约损失进行弥补的专项资金。当结算参与人发生交收违约时，中国结算可按照业务规则及时动用结算保证金。结算保证金制度通过“事中”提供流动性资金和“事后”弥补价差损失的方式，可及时化解中国结算的流动性风险和信用风险。

（3）结算风险基金制度。结算风险基金是指由中国结算和结算参与人共同缴纳，用于垫付或者弥补因违约交收、技术故障、操作失误、不可抗力对中国结算造成的损失而设立的专项基金。当结算参与人发生较大金额的交收违约、对结算系统的平稳运行造成较大影响时，中国结算经报请监管部门批准后可动

---

① 按照 PFMI，金融市场基础设施面临的风险包括系统性风险、法律风险、信用风险、流动性风险、一般业务风险、托管和投资风险、运作风险七类。其中，信用风险包括本金风险和重置成本风险（价差风险）。

用结算风险基金。结算风险基金制度通过“事后”提供流动性资金和弥补损失的方式，可充分化解中国结算的流动性风险、信用风险和运作风险。

（4）交收违约处理措施。当结算参与人发生资金或证券交收违约时，中国结算可按照业务规则采取一系列交收违约处理措施，如扣划和处置违约参与人的待处分证券、限制透支买入证券的转移、收取垫付资金的利息和违约金、报告监管部门等。该系列措施通过“事中”及时进行违约处理和“事后”惩戒的方式，可尽快化解中国结算的信用风险和流动性风险。

（5）应对特定风险的其他风控措施。例如，为加强对结算参与人的管理，中国结算开展结算参与人综合评价工作，并据此实施差异化的风险管理措施；为应对流动性风险，中国结算向商业银行申请授信额度；根据不同市场的风险特征，采取特定的结算风控措施等。

（四）遵循统一的法律法规、部门规章、结算业务规则体系

1.《证券法》涉及证券结算的内容

2020年3月修订实施的《证券法》，第七章“证券交易场所”正式将新三板市场纳入麾下，在法律层面明确了新三板市场的全国性证券交易场所的地位；第一百四十八条明确了新三板市场的登记结算业务由中国结算集中统一办理。第九章“证券登记结算机构”对证券登记结算机构进行了专章规定，凸显了证券市场后台的重要性和特殊性。第九章与结算业务直接相关的条款为：第一百五十八条（明确了中央对手方、货银对付原则、不得动用交收过程中的证券和资金、交收违约处理原则）和第一百五十九条（清算交收账户中的拟用于交收的证券和资金不得被强制执行）；与结算风险管理直接相关的条款为：第一百五十四条（证券结算风险基金的用途、来源、监管部门）和第一百五十五条（结算风险基金实行专户管理，弥补损失后中国结算需向责任人追偿）。中国结算为三个市场开展结算业务，统一遵循上述规定。

2. 监管条例涉及证券结算的内容

国务院2008年发布实施的《证券公司监督管理条例》（国务院令第522号）和《证券公司风险处置条例》（国务院令第523号），分别规定了对证券公司的日常监管规定和风险处置程序。第522号令与证券结算直接或间接相关的条款为：第三十七条（全额保证金/全额保证券要求）、第五章“客户资产的保护”等。第523号令与证券结算直接或间接相关的条款为：第八条（证券公司对中国结算发生交收违约时可被监管部门接管）、第四十八条（中国结算需

配合保障被处置证券公司经纪业务正常进行）等。

笔者认为，虽然两个条例没有兜底条款明确其适用于后续成立的全国性证券交易场所，但按照该条例对证券公司进行严格监管和保护投资者利益的基本精神，应适用于证券公司在新三板从事交易结算业务。

3. 部门规章中涉及证券结算的内容

证监会2006年首次发布实施、后多次修订的《证券登记结算管理办法》，是规范中国结算开展证券登记结算业务的最直接相关的部门规章。其中，结算的内容主要包括第六章“证券和资金的清算交收”、第七章“风险防范和交收违约处理”，以及第二章和第八章的部分条款。

第二条规定了该办法适用于证券交易所的上市证券，非上市证券的登记结算业务参照执行该办法。据此，新三板市场的挂牌证券作为非上市证券，其登记结算业务参照执行该办法。经过6年的实践检验，其中的结算条款有力支撑了新三板结算业务的发展，未对市场发展形成任何制度障碍。目前，证监会正在按照新《证券法》组织修订该办法，基本确定了将其适用范围扩展至新三板市场。

4. 结算业务规则

中国结算制定的具备法律效力的结算业务规则，包括基本业务规则和业务实施细则或办法两个层级，均由中国结算公司统一制定、统一向监管部门报批或报备、统一发布实施。

（1）结算参与机构管理方面，三个市场统一适用《结算参与人管理规则》和《结算银行证券资金结算业务管理办法》，分别规范了结算参与人和结算银行的资格准入、日常管理、风险管理等内容。

（2）常规结算业务和结算风险管理方面，三个市场统一适用《结算备付金管理办法》和《结算保证金管理办法》，规范了结算备付金和结算保证金的管理①。

（3）特定创新业务方面，对于由证监会统筹推进、三个市场差异不大的创新业务，适用统一的登记结算实施细则，如《优先股试点登记结算实施细则》和《合格境外机构投资者境内证券投资登记结算业务实施细则》等。

此外，中国结算三个分公司可按照上位业务规则，并结合各自业务需要，

① 按照《证券法》，证券结算风险基金的管理办法由证监会和财政部制定。现行办法为两部委联合制定的《证券结算风险基金管理办法》。

就具体业务办理流程制定业务指南等规范性文件，经履行公司内部的审批程序后发布实施。

（五）担保结算“求同”，非担保结算“存异”

目前，中国结算采用的结算方式主要包括多边净额担保结算和逐笔全额非担保结算。三个市场的多边净额担保结算的业务流程基本一致，而逐笔全额非担保结算则较为灵活。

多边净额担保结算是指中国结算作为中央对手方，在规定的清算时点，将每个结算参与人采用该结算方式的所有交易的应收应付资金予以冲抵轧差，清算出每个结算参与人的应收或应付资金净额；对应收应付证券不进行冲抵轧差、计算出应收和应付证券额[①]；在统一的最终交收时点，中国结算与每个结算参与人完成资金和证券的交收，并提供集中履约保障、确保交收完成。为实现三个市场的股票等主要品种的交易结算效率一致，中国结算三个分公司的担保结算流程基本一致：A 股[②]交收期为 T+1 日（T 日为交易日，T+1 日为交收日）；T 日日终中国结算进行证券和资金的清算，并进行证券的交收过户；T+1 日日终与结算参与人进行资金交收；在 T+1 日最终交收时点 16：00，如果结算参与人发生交收违约，则中国结算采取一系列交收违约处理措施。与境外证券市场一般采用 T+2 或更长交收期相比，我国的 T+1 结算安排不仅提高了交易结算效率，也降低了全市场的信用风险。

逐笔全额非担保结算是指中国结算不作为中央对手方，在规定的清算时点，将每个结算参与人采用该结算方式的所有交易的应收应付资金和证券不进行冲抵轧差，逐笔清算出应收资金和应付证券、应付资金和应收证券；在规定或约定的交收时点，买卖双方结算参与人应付资金和证券都是足额的，中国结算组织完成证券和资金的交收；任何一方或双方结算参与人应付资金或证券不足的，做交收失败处理，由双方自行协商违约处理事宜。为满足各证券交易场所的不同需求，中国结算三个分公司的非担保结算业务有所差异：纳入非担保结算范围的区分方式可分为按成交方式、交易平台、风险特征等；交收期可分为 T+0、T+1、T+N（N 由结算参与人在规定期限内自主选择）；交收时点和交收批次可分为 T+0 日间实时多批次交收、T+0 至 T+N 日终 16：00 单批次

① 按照国际标准，目前中国结算采用“证券全额结算、资金净额结算”（DVP 模式二）。

② 采用多边净额结算的除 B 股以外的其他品种和交易，本文统称 A 股。

交收、日间特定时点的单批次交收等。非担保结算的差异化安排，为各市场开展特色交易提供了多种可能。

二、新三板市场结算体系的特点

中国结算在遵循集中统一、框架一致的前提下，由于历史原因并为了适应各自市场的特点，三个分公司的结算业务在细节方面存在一些差异。北京分公司的结算业务起步较晚，但充分借鉴沪深分公司的业务实践，逐渐发展出自身的特色，有力支持了新三板市场的创新发展。

（一）新三板的特殊结算业务适用单独的业务规则

2013 年 12 月，中国结算发布仅适用新三板市场的《关于全国中小企业股份转让系统登记结算业务实施细则》（以下简称《新三板结算细则》），该细则是规范中国结算开展新三板登记结算业务的最直接相关的业务规则。其中，关于结算的内容，细化了证监会《证券登记结算管理办法》第六章和第七章的相关条款；明确了中国结算《结算参与人管理规则》等业务规则在新三板市场的适用性；规定了挂牌公司股票的结算流程及交收违约处理程序，在一定程度上填补了 A 股结算业务规则的缺位；针对新三板市场的风险特征，开创了多项结算风险防控措施。该细则为中国结算开展新三板结算业务提供了坚实依据和安全保障。

2019—2020 年全面深化新三板改革逐步实施，其中一项重大创新为股票公开发行并在精选层挂牌业务。该业务涉及发行资金的清算、冻结和解冻、交收和划款等结算环节，且流程与沪深市场现行做法存在较大差异。为此，2020 年 2 月，全国股转公司与中国结算联合发布了适用于新三板市场的《全国中小企业股份转让系统股票向不特定合格投资者公开发行并在精选层挂牌与承销业务实施细则（试行）》，其中明确了股票公开发行的资金结算流程。

（二）尽可能拓展多边净额担保结算的运用范围

结算方式的选择与证券的发行方式和交易方式密切相关。按照业务原理，对于非公开发行的证券，风险相对较高，二级市场交易一般采用协议交易方式；在该交易方式下，因交易对手方相互了解、商议交易价格时可包含风险收益、双方可自行采取风控措施等，一般无须中央对手方介入结算环节提供担保结算，因而通常采用逐笔全额非担保结算方式。而对于公开发行证券，风险相对较低，为提高交易效率，二级市场交易一般采用连续竞价、集中竞价等交易方式；在该交易方式下，因交易对手方不确定，为提高结算效率、降低市场成本和风险，需要中央对手方介入结算环节，因而通常采用多边净额担保结算方式。

新三板市场在2014年5月运行之初，挂牌股票均为非公开发行，且仅有协议转让一种交易方式，一般而言，宜采用逐笔全额非担保结算。中国结算为全力支持新三板市场发展壮大，决定采用多边净额担保结算方式。为了不额外增加市场成本，沿用沪深市场的结算备付金和结算保证金收取标准，同时因结算风险基金已达到规定上限而免收结算风险基金，中国结算以相对较少的财务资源承担了相对较大的结算风险。在随后的几次新三板交易制度改革中，逐步新增了做市交易、集合竞价交易和连续竞价交易，原协议转让也逐步调整为盘后协议转让和大宗交易。与此同时，中国结算的多边净额担保结算方式维持不变，最大限度地提升市场效率。

（三）逐笔全额非担保结算业务大有可为

在为挂牌公司和投资者服务方面，中国结算从2014年开始陆续为数万家挂牌公司办理权益分派、优先股赎回和回售、要约回购等业务，精选层股票公开发行业务也从2020年7月开始进入实际运作阶段。上述业务均包含证券和资金的清算、资金的收取和划付等结算环节，因属于中国结算受挂牌公司委托办理的挂牌公司与其投资者之间的非交易业务，中国结算提供逐笔全额非担保结算。在二级市场交易方面，2016年8月新三板市场推出优先股并采用协议转让方式，中国结算提供交收期为T+0日的逐笔全额非担保结算。至此，非担保结算业务的基础框架已完整搭建。

今后，新三板市场若为挂牌公司推出股权激励行权等新业务时，或者在二级市场推出非公开发行债券的协议转让、交易对手方确定的协议回购等新业务时，中国结算的非担保结算业务可灵活满足市场需求，为证券和资金的清算交收提供最优解决方案。

（四）创新的结算风险防控措施

如前文所述，中国结算结合新三板市场特点，在《新三板结算细则》中明确了结算风险防控的多项创新措施。

第一，针对异常交易建立暂缓交收机制。为应对因不可抗力、意外事件、技术故障等异常情况导致的异常交易，降低对市场的负面影响，根据全国股转公司《全国中小企业股份转让系统转让异常情况处理细则（试行）》，对于出现交易异常情形的，全国股转公司可视情况采取暂缓进入交收的措施。为配合该措施的落地，中国结算可将全国股转公司指定的相关异常交易从多边净额结算中划分出来，先暂缓进行清算交收；待全国股转公司指定该交易继续进行清算交收时，中国结算对其实施逐笔全额结算。该措施不仅有利于全国股转公司维护市场交易秩序，也有利于中国结算防范因极端交易价格引发的结算参与人交收违约风险。

第二，中国结算可提请全国股转公司暂停违约结算参与人的做市商资格。对符合条件的挂牌股票采用做市交易方式是新三板市场的特色，为规范对做市商的管理，全国股转公司建立了完善的管理和评价制度。当作为做市商的结算参与人对中国结算发生证券或资金交收违约时，中国结算可提请全国股转公司暂停其做市商资格或做市双向报价权限。该措施不仅有利于中国结算防范违约结算参与人的结算风险继续扩大、督促其尽快弥补违约，也有利于全国股转公司加强对做市商的全面管理。

第三，中国结算可扣划违约结算参与人在三个市场的自营证券。按照货银对付原则，当结算参与人发生交收违约时，中国结算可根据业务规则扣划其自营证券作为担保物。因结算参与人在新三板市场的自营业务规模较小，且持有的自营证券可能交易不活跃、处置周期长、价格波动大，为尽快完成交收违约处理、尽快化解中央对手方的信用风险和流动性风险，中国结算有权视情况扣划违约结算参与人在沪深市场的自营证券。

三、完善新三板结算体系的思考与建议

（一）继续完善证券结算领域的部门规章和业务规则体系

新《证券法》首次在法律上明确了中央对手方的概念和职能，填补了我国证券法律制度的重大空白，但证券结算的其他条款仍基本沿用上一版的内容。对于中央对手方是否有权扣划和处置违约结算参与人的客户的证券，并未予以补充规定，而具备该项权利是中央对手方落实货银对付原则的关键所在。此外，《金融市场基础设施原则》（PFMI）要求应明确界定“交收最终性”（Settlement Finality），本次修法也未予补充，今后中国结算对多边净额担保结算实行跨交收日交收、日间多批次交收时，市场可能对过户证券的权益认定等产生一定分歧。

因此，在后续证监会修订《证券登记结算管理办法》等部门规章、中国结

算制定《结算规则》等业务规则的过程中，建议推动明确中国结算有权按照业务规则对违约结算参与人名下的相关客户证券进行标识、扣划和处置，并明确各种交收安排下的交收最终性如何实现，以此夯实中国结算推动基础结算制度改革、落实货银对付原则的制度基础。

（二）结算后台需及时适应和支持前台业务的发展

本次全面深化新三板改革措施已逐步落地实施，包括投资者适当性门槛大幅降低、设置精选层并优化分层管理、推出精选层股票公开发行业务并优化定向发行制度、推出精选层连续竞价交易并全面调整各层的交易制度等。新三板市场将迎来新一轮的蓬勃发展，这将对结算后台产生深远影响。

首先，随着合格投资者数量的增加和市场流动性的改善，交易结算资金总量会有所增加。中国结算需协调各结算参与人和结算银行，完善各自的交易结算资金管理体系，提高资金的结算和汇划效率。其次，随着精选层推出公开发行业务和连续竞价交易，日终结算业务的处理环节和复杂程度有所增加。中国结算不仅需要做好自身的业务和技术准备，还需对证券公司、托管银行、资产管理人等市场相关方进行广泛的宣讲和培训，协调各方为日终的结算处理做好充分应对并制定应急流程。最后，市场经过一段时间的快速发展之后，可能会出现新的风险特征或发生极端的市场情形。中国结算需按照《金融市场基础设施原则》（PFMI）等国际标准，全面评估现有结算风控制度的合理性，并及时作出调整，达到支持市场创新和加强风险管理的最优平衡。

境外市场限制卖空措施及其效果评估

陈代云*　栗嘉敏**

摘　要：在2020年全球股市暴跌及2008年国际金融危机期间，境外多个国家曾采取限制或禁止卖空的措施，这类措施似乎已成为境外监管者在极端行情下普遍使用的维稳手段。为全面评估限制卖空对市场的影响，本文梳理了2008年国际金融危机以来，境内外市场对卖空采取的限制措施，总结了卖空禁令效果评估的学术研究，以及监管机构和市场人士对卖空禁令的观点。

关键词：卖空　限制卖空　金融危机　市场质量

受新冠肺炎疫情全球扩散以及石油价格战等因素影响，2020年3月以来，国际金融市场出现大幅波动，美股在一个月内四次触发熔断，全球主要指数均大幅下跌。为稳定市场，减少抛售压力，法国、意大利、西班牙、韩国等国的监管部门分别出台了不同程度的限制卖空政策。这是自2008年国际金融危机以来，境外市场第二次大规模采取限制卖空措施，为我们全面深入研究分析限制卖空措施的市场影响和效果提供了丰富的素材。

本文分为五个部分：第一部分介绍卖空的定义和分类；第二部分介绍境内外市场对卖空交易的常规限制措施，以及历次金融危机期间的特殊限制措施；第三部分总结了关于限制卖空的效果和市场影响的学术研究；第四部分梳理了境外监管机构和市场人士对限制卖空的观点；第五部分总结了境外市场经验给

* 陈代云，上海证券交易所产品创新中心副总监。

** 栗嘉敏，上海证券交易所产品创新中心经理。

我们带来的启示。

一、卖空的含义

2008 年国际金融危机期间，境外多个国家对卖空交易采取了严格的限制措施，为此，国际证监会组织在 2009 年 6 月发布《关于卖空监管的最终报告》(*Final Report on Regulation of Short Selling*)①，对“卖空”做了原则性定义并提出了监管建议。“卖空”即交易者出售其在出售时并不拥有的证券。卖空可分为有交收保障的卖空和无交收保障的卖空（裸卖空）。有交收保障的卖空，是指卖方通过借入证券等方式，保证在交收日前买方能够收到证券的卖空；裸卖空是指没有事先安排借入证券的卖空。事实上，卖空还可以通过期货、远期、期权等金融衍生产品直接建立空头头寸或合成空头头寸实现。

二、境内外市场对卖空限制的实践

国际证监会组织认为，不受监管的卖空活动可能会导致被卖空的证券（或市场）出现螺旋式下跌、滥用市场行为和结算中断等风险，并提出四项原则性建议：一是卖空应受到适当的管制，以减少可能影响金融市场有序性、有效性和稳定性的潜在风险；二是应设置适当的信息报告制度；三是应设置有效的合规流程及合规执行制度；四是为了市场的有效运作和发展，对某些类型的交易应允许适当的例外。

（一）对卖空的常规限制

实践中，各国和地区对卖空交易的常规限制主要体现在提价规则、限制裸卖空及信息报备要求。在美国，《证券卖空规则》（SHO 规则）主要从两个方面约束卖空行为：一是当股价较前收盘价下跌达到或超过 10% 时，该股票的卖空交易订单价格必须高于当前的最优卖价，普通卖单不受此价格限制。二是不允许裸卖空，即在交收日（T+3）前投资者必须买入或借入证券以确保进行交收。此外，美国证监会（以下简称 SEC）要求，当投资者净卖空持仓达到一定比例时须进行报备和信息披露。在中国香港，裸卖空被严格禁止，同时还应遵循“卖空提价规则”（Uptick Rule），即卖空交易时不能以低于当时最佳卖盘价

① 参见 Technical Committee of the International Organization of Securities Commissions, *Final Report on Regulation of Short Selling*, 2009。

(Best Ask Price，卖盘中最低价格）成交，且要进行相应标识。

（二）极端行情下对卖空的限制

除了对卖空的常规限制，在市场极端行情下，欧美等市场也曾对卖空交易采取临时性的、较为严格的限制措施。

2008 年国际金融危机期间，SEC 通过以下三个主要措施对卖空交易加以管制。一是颁布“卖空禁令”。2008 年 7 月 15 日至 8 月 12 日，SEC 宣布限制除做市商外的一般投资者对政府担保企业（如房利美、房地美）股票进行裸卖空，以减小金融股的市场波动。2008 年 9 月 18 日，禁止对 SEC 列明的 799 只金融机构股票进行卖空交易，此后该名单增加到 950 只，该禁令持续至 10 月 8 日。二是禁止裸卖空。自 10 月 14 日起，严格执行所有证券 T+3 交收，禁止裸卖空，该规定一直持续至现在。在此之前，美国市场允许裸卖空行为。三是加强卖空交易信息披露。9 月 18 日，SEC 颁布《SH 表格指令》，要求投资者在卖空头寸达到一定标准时，须上报交易信息。此后，英国、德国、日本、中国台湾等市场相继出台政策（见表 1），禁止对部分或全部股票的卖空或裸卖空行为，提高对卖空的信息披露要求。

表 1　2008—2009 年实施卖空禁令的主要经济体

国家	禁令类型	涵盖股票	卖空披露标准	开始时间	失效时间	延长
澳大利亚	裸卖空	全部		2008 年 9 月 19 日		
	有担保卖空/裸卖空	全部		2008 年 9 月 21 日	2008 年 10 月 18 日	是
	有担保卖空/裸卖空	指定金融股		2008 年 11 月 19 日	2009 年 5 月 24 日	是
加拿大	有担保卖空/裸卖空	指定金融股		2008 年 9 月 19 日	2008 年 10 月 8 日	是
法国	裸卖空	指定金融股	0.25%	2008 年 9 月 22 日		
德国	裸卖空	指定金融股		2008 年 9 月 20 日	2009 年 5 月 31 日	是
意大利	裸卖空	全部		2008 年 9 月 23 日		
	有担保卖空/裸卖空	银行与保险		2008 年 10 月 1 日	2008 年 10 月 10 日	
	有担保卖空/裸卖空	全部		2008 年 10 月 10 日	2009 年 5 月 31 日	是

续表

国家	禁令类型	涵盖股票	卖空披露标准	开始时间	失效时间	延长
日本	裸卖空	全部		2008 年 10 月 29 日	2009 年 3 月 31 日	
韩国	有担保卖空	全部		2008 年 10 月 1 日		
荷兰	裸卖空	全部		2008 年 9 月 22 日	2008 年 12 月 21 日	
	净空头寸	指定金融股	0.25%	2008 年 10 月 5 日	2009 年 6 月 1 日	是
新加坡	裸卖空	全部		2008 年 9 月 22 日		
瑞士	净空头寸	指定金融股		2008 年 9 月 19 日		是
英国	净空头寸	指定金融股	0.25%	2008 年 9 月 19 日	2009 年 1 月 16 日	
美国	有担保卖空/裸卖空	指定公司	0.25%	2008 年 9 月 19 日	2008 年 10 月 8 日	是

2011 年，欧洲债务危机期间，意大利、西班牙、法国、比利时曾于 8 月 11 日起宣布对所有金融股的卖出禁令，直至次年 2 月解除。该禁令对场内场外市场均适用，但对做市商以对冲风险为目的的新建或增加空头头寸予以豁免，持有股票的投资者也可利用衍生品来进行风险对冲。

2015 年股灾期间，我国曾对股指期货采取限制措施，间接限制了卖空。主要措施包括：将单个产品、单日开仓交易量超过 10 手认定为“日内开仓交易量较大”的异常交易行为；非套期保值持仓交易保证金标准由 10% 提高至 40%，套期保值持仓交易保证金标准由 10% 提高至 20%；日内平今仓手续费由成交金额的 0.0023% 提高至 0.23%；加强股指期货市场长期未交易账户管理。

受 2020 年国际金融市场波动影响，自 2020 年 3 月 16 日起，韩国、希腊、西班牙、比利时、意大利、法国等国家相继发布卖空禁令（见表 2），禁令有效期为 1 天到 6 个月不等。菲律宾 3 月 17 日至 18 日关闭股票市场。泰国宣布卖空交易实行提价规则，即卖空交易订单价格不得低于当前的最优卖价，该规则有效期持续至 6 月底。日本、南非两国监管机构宣布，将加强对不当卖空行为的监管和处罚力度。

表2　2020年实施卖空禁令经济体及其主要措施

国家	禁令有效时间	禁令内容
奥地利	适用日期为2020年3月18日至4月18日	该禁令禁止卖空或增加所有已获准在维也纳证券交易所（Vienna Stock Exchange）交易，且受奥地利金融市场管理局监管的股票的现有净空头头寸。该禁令适用于所有一篮子股票和指数相关工具，受禁令约束的股票占该指数或一篮子股票价值的50%或以上
比利时	2020年3月17日开始实行一天禁令。后延长为从2020年3月18日至4月17日	扩大后的禁令禁止卖空或增加所有在泛欧交易所（Euronext）、布鲁塞尔证交所（Brussels）和泛欧交易所成长型交易所（Euronext Growth）上市公司的现有净空头头寸。该禁令适用于指数相关工具，前提是受禁令约束的股票占指数权重的比例超过20%
法国	2020年3月17日开始实行一天禁令。后延长为从2020年3月18日零时至4月16日24时	延长的禁令禁止卖空或增加在法国交易所上市的所有股票的现有净空头头寸，这些股票属于法国金融市场管理局的管辖范围。该禁令适用于指数型金融工具或一篮子股票，前提是受禁令约束的股票占该指数或一篮子股票组成的50%或以上
希腊	2020年3月18日（CET）零时至4月24日（CET）24时	该禁令禁止卖空或增加所有获准在雅典证交所交易的股票的现有净空头头寸
意大利	2020年3月13日和3月17日分别实行一天禁令。后延长为从2020年3月18日的交易日开始至6月18日的交易日结束	延长的禁令禁止卖空或增加决议附件1中的任何股票的现有净空头头寸。该禁令适用于所有指数相关工具，其中受禁令约束的股票占该指数的20%以上。不过，当空头头寸专门针对：（1）先前购买的可转换债券的股权部分，或（2）先前购买的认购权所带来的风险时，该禁令并不适用于做空或增加现有的净空头头寸
西班牙	2020年3月13日开始实行一天禁令。后延长为从2020年3月17日至4月17日	延长的禁令禁止卖空或增加所有在西班牙交易场所获准交易的股票的现有净空头头寸。该禁令适用于与指数相关的金融工具或金融工具篮子，若其中多数股票属于禁令范围。包括现金交易、在交易场所进行交易的衍生品，或创造或增加净空头头寸的场外衍生品，甚至包括日内交易。然而，这项禁令并不适用于：（1）当投资者获得可转换债券，对可转债中的股本成分进行对冲而采取的做空或增加现有的净空头头寸，或（2）因对冲认购权而等比例或等价创建，或增加空头头寸

三、限制卖空措施的效果评估

由于实施禁令前后市场情况难以直接对比，不宜互为参照，且影响市场的因素较多，难以将卖空禁令的影响从众多其他因素的影响中剥离出来，因此，对于卖空禁令的效果存在争议。一方面，卖空禁令的实施会在短期内对股价有一定的支撑作用。另一方面，大量学术研究均表明禁止卖空会导致市场质量普遍下降，具体表现：一是流动性降低，交易量严重下降；二是买卖价差增大，交易成本增加；三是股票收益分布的不对称性增大，价格偏离基础价值的程度更大；四是可能会对其他市场产生负面的溢出效应。

（一）对股价的短期影响

由于限制卖空削弱了卖盘力量，市场多空不平衡，加之限制卖空政策出台带来的信号作用，短期内可以引起股价一定程度的反弹。纳斯达克相关研究表明，2008 年国际金融危机期间，卖空禁令颁布实施后一个星期，金融股的卖空交易占所有卖出交易的比例从颁布前的44%下降至16%，一些非金融股的卖空交易也明显减少。股价短期内呈现上涨趋势，在限制卖空措施实施后一天，标准普尔金融行业指数和银行业指数分别上涨 11.72% 和 12%，短期内对金融行业和银行业股票价格起到一定积极的作用。

在 2020 年欧盟区相关国家于 3 月 18 日实施卖空禁令后，这些国家的市场指数在禁令颁布当日仍然下跌，但在后续交易日中企稳并出现反弹。截至 4 月 9 日，法国 CAC40、意大利富时 MB、西班牙 IBEX35、比利时 BFX、奥地利 AX、希腊 ASE 综指等实行卖空禁令的主要指数较 3 月 17 日收盘分别上涨 12%、14%、8.4%、20%、21% 和 21%，且年化波动率较禁令发布前均有不同程度的下降。

（二）对买卖价差和流动性的影响

Beber 和 Pagano（2013）对 30 个国家（主要是欧洲和非欧洲市场）17040 只股票在 2008 年 1 月 1 日至 2009 年 6 月 23 日的纵向数据进行了研究，评估了全球范围内的卖空禁令的有效性。结果表明，卖空禁令是造成买卖差价和流动性恶化的原因，且对于市值小、波动性大、没有期权作为卖空替代手段的股票的负面影响更大①。

① 参见 Beber, A., M. Pagano. Short – Selling Bans Around the World: Evidence from the 2007 – 09 Crisis [J]. The Journal of Finance, 2013, 68, 343 – 381。

Marsh 和 Payne（2012）对英国金融服务管理局（FSA）于 2008 年 9 月至 2009 年 1 月实施的卖空禁令的影响进行了研究。英国的卖空禁令涵盖了 32 只金融股，原因是 FSA 认为这些股票比其他股票更容易受到卖空活动的影响从而导致股价下跌的影响。但研究发现，禁令实施前金融股受价格波动的影响不比其他股票大，禁令实施后金融股交易量大幅降低，同时买卖价差增大，对流动性产生了负面影响。此外，禁止卖空的目的之一是降低对金融股的抛售压力，但实际上，禁令发布后买卖订单均大幅减少，对订单簿两端的负面影响抵消后，并不能起到阻止价格下跌的作用，反而破坏了市场的流动性①。

（三）对定价效率和波动性的影响

首先，卖空禁令在长期并不能阻止股价下跌，同时损害了市场价格发现功能。纽约联储银行 2012 年的一份报告表明，在 2008 年底卖空禁令并没有达到维持市场稳定和保护市场质量的预期效果，在卖空禁令生效的 14 天里，400 多只美国金融类股票的平均价格下跌了 12%，与未受卖空禁令影响的非金融类股票基本一致。且这些被禁止卖空的股票的交易成本较平均水平上涨了逾 6 亿美元。Marsh 和 Payne（2012）对英国 2008 年卖空禁令的研究也表明，卖空禁令并不能阻止金融股的下行趋势，在禁令颁布后，金融股急剧下跌。此外，作者发现禁令的实施导致在金融股上有价格发现作用的交易变少了，而在禁令颁布之前，金融股与非金融股之间这一差异并不明显。因此，可以说明禁止卖空影响了市场的有效性和价格发现效率。

持有股票再卖出的行为比卖空行为对股价下跌产生的作用更大。有数据显示，卖空交易活跃度与股市的低收益率正相关，即市场下跌期间的卖空活动似乎较高，也因此有人认为，在股市急剧下跌期间，卖空加剧了价格下跌。事实上，Shkilko 等（2012）的研究表明，在市场下跌期间，纯粹的卖空行为和先持仓再卖出现货的行为均会导致价格下跌，且卖出现货对价格的负面影响更为明显，是反弹前价格下跌的主要推动力②。因此，不能认为卖空加剧市场下跌。

最后，无论在常规情况下还是在国际金融危机期间，卖空行为均不会加剧

① 参见 Marsh, I. W., R. Payne. Banning short sales and market quality: The UK's experience [J]. Journal of Banking & Finance, 2012, 36, 1975 – 1986。

② 参见 Shkilko, A., B. Van Ness, R. Van Ness. Short Selling and Intraday Price Pressures [J]. Financial Management, 2012, 41, 345 – 370。

股价下跌和市场波动。Crane（2018）通过对香港市场的研究证明了这一观点。港交所通过判断股票是否为指数成分股，是否有对应的衍生品，以及对自由流通量、市值规模和换手率设定标准来确定可用于进行卖空的股票范围。Crane认为，刚好达到和刚好达不到卖空标准的股票其特征是相似的，二级市场表现也应较为一致，因此对比这两类股票可以反映卖空和禁止卖空的作用。结果表明，允许卖空不会导致价格下跌，不会增加波动性，不会引起更多的暴涨暴跌的情况，且在国际金融危机期间，这一结论也没有发生变化①。

（四）对金融机构稳定性的影响

2008年国际金融危机期间，多数的卖空禁令是针对金融机构，尤其是银行的。其原因是，人们担心卖空会导致股票价格下跌，削弱银行利用资金的能力，进而导致其偿付能力的下降，引发银行内部资产端和负债端的联动风险。Brunnermeier和Oehmke（2014）的研究结果也表明，国际金融危机期间，投机者确实会选择基本面较差的金融机构进行做空，进而引发债权人挤兑，投机者的激进卖空和债权人的保护性挤兑相互作用、相互增强，提高了金融机构破产的可能性②。因此，在系统性风险较高，尤其是银行系统较脆弱时，禁止卖空金融类股票可以避免金融机构破产预期的自我实现。

但Beber等（2015）的研究表明，由于卖空禁令释放了对银行基本面的不利信号，违约的可能性更高，信用违约掉期（CDS）溢价更高，推动股价波动性进一步放大③。

（五）对其他市场的溢出效应

Battalio和Schultz（2011）的研究和实践表明，由于投资者可以通过购买认沽期权来规避卖空禁令，期权市场上多空力量失衡，卖空禁令期间期权合约价差扩大，对期权市场产生了负面影响④。Marsh和Payne（2012）的研究表明，经纪商为了保证订单能够在最优价格执行，在禁令期间会将卖出订单路由

---

① 参见Crane, A. D., K. Crotty, S. Michenaud, P. Naranjo. The Causal E_ects of Short – Selling Bans: Evidence from Eligibility Thresholds [J]. Review of Asset Pricing Studies, 2018, 34。

② 参见Brunnermeier, M. K., M. Oehmke. Predatory Short Selling [J]. Review of Finance, 2014, 18, 2153 – 2195。

③ 参见Beber, A., D. Fabbri, M. Pagano. Short – Selling Bans and Bank Stability [J]. SSRN Electronic Journal, 2015。

④ 参见Battalio, R., P. Schultz. Regulatory Uncertainty and Market Liquidity: The 2008 Short Sale Ban's Impact on Equity Option Markets [J]. The Journal of Finance, 2011, 66, 2013 – 2053。

到不存在禁令的场所，因此将流动性从场内市场转移到了场外市场①。这一现象导致经纪商对指令的传递和执行过程发生扭曲，也增大了场外市场风险。

四、监管者和市场人士对限制卖空的看法

（一）境外监管机构言行不一

一方面，境外监管机构多认为应坚持市场化方向，不应对正常交易进行过多限制。2008 年国际金融危机期间，在实施卖空禁令之前，时任 SEC 主席克里斯托弗·考克斯认为："暂时禁止卖空金融股的紧急命令将恢复市场平衡。"但在禁令结束后，考克斯承认这一措施的实际影响尚未被充分认识，并表示"委员会不会再这样做了，成本似乎大于收益"。现任 SEC 主席杰伊·克莱顿也在近期市场巨幅波动时表示，卖空行为是促进普通市场交易所必需的，"我们不应该禁止卖空"。欧洲证券与市场管理局（ESMA）在 2017 年的一份研究报告中也认为卖空禁令对市场作用有限。

另一方面，在面对极端情况时，监管机构仍选择继续采取限制措施。在近期全球股市震荡期间，ESMA 对欧盟成员国市场监管机构所采取的限制做空政策仍表示了支持。ESMA 在发表对意大利采取卖空限制措施的官方意见时表示，"与 COVID－19 相关的不利形势极大地增加了欧盟金融市场的脆弱性……ESMA 认为，最近几天观察到的净空头头寸增加，可能会进一步加剧价格螺旋式下跌，从而进一步削弱意大利市场的信心"。英国金融市场行为监管局虽然没有对其本国股票采取限制，但是也履行了其根据欧盟卖空监管规定所承担的义务，即应欧洲其他各国监管机构的要求，对特定股票实施禁令。

（二）市场机构普遍反对卖空禁令

浑水基金创始人布洛克将限制卖空及其他类似措施视为一种安抚投资者的政治手段，"这种干预在长期内永远不会奏效，但在短期内政治上永远不会失败"。BV 首席执行官托马斯·里克特（Thomas Richter）认为，当前股市下跌有其根本原因，并非由卖空引起，因此若监管机构认为市场诚信或市场信心受到威胁，可以在个别情况下发布临时卖空禁令，目前全面禁止卖空欧盟境内交易的证券，仅对某些公司和行业有意义，其有效性令人怀疑。Duff & Phelps 董

---

① Marsh, I. W., R. Payne. Banning short sales and market quality: The UK's experience [J]. Journal of Banking & Finance, 2012, 36, 1975－1986。

事总经理兼合规与监管咨询业务主管尼克贝利（Nick Bayley）警告称，国际金融危机期间实施的卖空禁令导致了“市场严重的价格混乱”。

五、启示

从境外市场经验来看，卖空机制作为市场的基础制度，是提高定价效率，发挥市场内生多空平衡作用的关键手段。卖空投资者可以通过识别被高估的股票，促进股价回归合理价值，对市场流动性、价格发现和定价效率均具有积极作用，是维持市场有序运行的重要机制。此外，由于市场并不总是完善和均衡的，完备的做空机制还能够帮助多空双方交易意愿充分表达，促使股价维持在合理区间，减少单边暴涨、定价扭曲等情况的出现。

同时我们也看到，境外市场的做空手段越来越多样化和复杂化。从直接在市场上进行卖空交易，到通过期权、期货等衍生品构建空头头寸，再到反向ETF等产品，都可以达到做空的目的。这一趋势为监管机构的监管能力提出了更高的要求和挑战。如何对全市场的卖空力量形成全面客观的认识，如何防止恶意做空行为对市场造成负面影响，成为监管机构需要着重探讨的话题。从国际证监会组织的调研情况来看，境外市场越来越重视对现货、衍生品市场以及场外市场的联动监管，但由于部分场外市场数据难以获得且统计口径较难统一，目前这仍是一项监管难题。

通过梳理境外市场对卖空交易的常规限制措施，以及历次金融危机期间的特殊限制措施，我们发现，对卖空进行限制和监管已经成为国际市场的共识，且监管力度和限制程度也应根据市场情况进行灵活调整。在国际金融危机或极端行情中，可阶段性地采取较严格的限制措施，以防止市场滥用、结算中断和股价螺旋式下跌等风险。当市场行情好转，对卖空的监管也应及时恢复常态，采取诸如提价规则、交易信息报备等市场化的手段进行风险控制，以避免市场流动性和有效性下降、单边市等情况的出现。

市场实践

从债券视角看实体融资的复苏路径

明　明[*]　李　晗[**]

摘　要：近年来，关于实体经济和小微企业支持政策不断出台，市场对实体经济复苏的讨论热度不减。间接融资方面，政策多方呵护下贷款结构优化且规模显著增长；直接融资方面，债券市场对传统的实体企业的支持仍有局限性，创新类债券品种存在风险收益不对等的难题。展望未来，支持实体和小微企业不仅需要政策引导和指引，也需要市场多方配合，直达实体的资金传导渠道显得尤为重要。本文也为我们站在债券角度观察分析实体经济与小微融资提供了一个窗口。

关键词：小微企业　实体经济　债券市场　直接融资

一、小微企业介绍

在新冠肺炎疫情冲击、经济增速趋缓的大背景下，要做好“六稳”“六保”工作，小微企业的作用不可忽视。2019 年 12 月，国家统计局发布《第四次全国经济普查系列报告》显示，截至 2018 年末，我国共有中小微企业法人单位[①] 1807 万家，比 2013 年末增加 966.4 万家，增长 115%。占全部规模企业法人单位[②]（以下简称全部企业）的 99.8%，比 2013 年末提高了 0.1 个百分点。其

* 明明、中信证券股份有限公司、首席 FICC 分析师。
** 李晗、中信证券股份有限公司、高级 FICC 分析师。

① 中小微企业法人单位指的是在第四次全国经济普查中机构类型为企业，且单位规模登记为中型、小型和微型的法人单位。单位规模根据《统计上大中小微型企业划分办法（2017）》的规定计算。

② 全部规模企业法人单位是指大型、中型、小型和微型的企业法人单位。

中，中型企业 23.9 万家，占比 1.3%；小型企业 239.2 万家，占比 13.2 %；微型企业 1543.9 万家，占比 85.3%。

2018 年 6 月，中国人民银行行长易纲在上海第十届陆家嘴论坛（2018）上表示："小微企业在市场主体的个数方面占 90% 以上，贡献了全国 80% 的就业，70% 左右的专利发明权，60% 以上的 GDP 和 50% 以上的税收。"疫情冲击后，在经济恢复增长稳步复苏时，小微企业的重要性使其成为经济政策的重要抓手。

（一）统计局口径的小微企业

目前，我国非金融企业划型办法依照国家统计局《统计上大中小微企业划分办法（2017）》（见表 1），企业划型办法主要针对总资产、营业收入以及从业人员数将企业划分为大型、中型、小型和微型四个规模类型，小微企业可以理解为其中的小型企业和微型企业。

表 1　统计局口径的大中小微企业划分标准

行业名称	指标名称	计量单位	大型	中型	小型	微型
农、林、牧、渔业	营业收入（Y）	万元	Y≥20000	500≤Y＜20000	50≤Y＜500	Y＜50
工业	从业人员（X）	人	X≥1000	300≤X＜1000	20≤X＜300	X＜20
	营业收入（Y）	万元	Y≥40000	2000≤Y＜40000	300≤Y＜2000	Y＜300
建筑业	营业收入（Y）	万元	Y≥80000	6000≤Y＜80000	300≤Y＜6000	Y＜300
	资产总额（Z）	万元	Z≥80000	5000≤Z＜80000	300≤Z＜5000	Z＜300
批发业	从业人员（X）	人	X≥200	20≤X＜200	5≤X＜20	X＜5
	营业收入（Y）	万元	Y≥40000	5000≤Y＜40000	1000≤Y＜5000	Y＜1000
零售业	从业人员（X）	人	X≥300	50≤X＜300	10≤X＜50	X＜10
	营业收入（Y）	万元	Y≥20000	500≤Y＜20000	100≤Y＜500	Y＜100

续表

行业名称	指标名称	计量单位	大型	中型	小型	微型
交通运输	从业人员(X)	人	X≥1000	300≤X<1000	20≤X<300	X<20
	营业收入(Y)	万元	Y≥30000	3000≤Y<30000	200≤Y<3000	Y<200
仓储业	从业人员(X)	人	X≥200	100≤X<200	20≤X<100	X<20
	营业收入(Y)	万元	Y≥30000	1000≤Y<30000	100≤Y<1000	Y<100
邮政业	从业人员(X)	人	X≥1000	300≤X<1000	20≤X<300	X<20
	营业收入(Y)	万元	Y≥30000	2000≤Y<30000	100≤Y<2000	Y<100
住宿业	从业人员(X)	人	X≥300	100≤X<300	10≤X<100	X<10
	营业收入(Y)	万元	Y≥10000	2000≤Y<10000	100≤Y<2000	Y<100
餐饮业	从业人员(X)	人	X≥300	100≤X<300	10≤X<100	X<10
	营业收入(Y)	万元	Y≥10000	2000≤Y<10000	100≤Y<2000	Y<100
信息传输	从业人员(X)	人	X≥2000	100≤X<2000	10≤X<100	X<10
	营业收入(Y)	万元	Y≥100000	1000≤Y<100000	100≤Y<1000	Y<100
软件和信息技术服务业	从业人员(X)	人	X≥300	100≤X<300	10≤X<100	X<10
	营业收入(Y)	万元	Y≥10000	1000≤Y<10000	50≤Y<1000	Y<50
房地产开发经营	营业收入(Y)	万元	Y≥200000	1000≤Y<200000	100≤Y<1000	Y<100
	资产总额(Z)	万元	Z≥10000	5000≤Z<10000	2000≤Z<5000	Z<2000

续表

行业名称	指标名称	计量单位	大型	中型	小型	微型
物业管理	从业人员（X）	人	X≥1000	300≤X<1000	100≤X<300	X<100
	营业收入（Y）	万元	Y≥5000	1000≤Y<5000	500≤Y<1000	Y<500
租赁和商务服务业	从业人员（X）	人	X≥300	100≤X<300	10≤X<100	X<10
	资产总额（Z）	万元	Z≥120000	8000≤Z<120000	100≤Z<8000	Z<100
其他未列明行业	从业人员（X）	人	X≥300	100≤X<300	10≤X<100	X<10

资料来源：《统计上大中小微企业划分办法（2017）》。

（二）银行口径的小微企业

当前小微企业面临的最大的问题是融资问题，而商业银行是现阶段小微企业融资的首选渠道（郑霞，2012）。在银行业分类标准中，2019 年之前，普惠小微贷款是指单户授信 500 万元以下的小型微型企业法人贷款以及小微企业主和个体工商户经营性贷款。自 2019 年起，为进一步扩大小微企业、民营企业支持范围，中国人民银行运用支小再贷款、定向降准等货币政策工具的考核口径从单户授信 500 万元以下扩至单户授信 1000 万元以下（见表 2）。

表 2　主要国家对中小企业/小微企业划型标准和贷款认定标准

国家	中小企业划型标准	中小企业贷款统计标准
美国	员工人数少于 500 人	贷款规模不高于 100 万美元
德国	员工人数少于 500 人且年营业额低于 5000 万欧元	按划型标准
法国	欧盟标准：员工人数少于 250 人、年营业额低于 5545 万美元，且/或资产规模小于 4769 万美元	按划型标准。当银行对企业授信大于 2.78 万美元时需告知中央信贷登记中心
日本	制造、建筑、交通等行业：员工人数少于 300 人且资本不超过 248 万美元。批发业：员工人数少于 100 人且资本小于 82 万美元	按划型标准
韩国	制造业：员工人数少于 300 人且资本小于 800 万美元。批发业等：员工人数少于 100 人且销售额低于 1000 万美元	按划型标准

续表

国家	中小企业划型标准	中小企业贷款统计标准
马来西亚	制造业：营业额不超过1280万美元或全职员工人数不超过200人。服务业及其他行业：营业额不超过512万美元或全职员工人数不超过75人	按划型标准
俄罗斯	员工人数少于250人，年收入不超过1641万美元	按划型标准
巴西	员工人数少于250人	按划型标准
印度	制造业：对工厂和机械的投资额不超过1亿卢比 服务业：对设备的投资额不超过5000万卢比	按划型标准
中国	参考《统计上大中小微企业划分办法（2017）》中的划型标准	单户授信总额1000万元及以下的小微企业贷款、个体工商户和小微企业主经营性贷款

资料来源：《中国小微企业金融服务报告（2018）》。

二、历史回顾

（一）宏观数据回顾

2017年以来，供给侧改革促使PPI触底反弹，打破“债务—通缩循环”（见图1）。回溯历史，2009—2011年投资过度导致产能过剩，而产能过剩导致PPI下降，侵蚀企业利润、企业实际债务增长。高负债压力促使企业缩减投资，投资减少导致产能过剩加重，从而形成“债务—通缩循环”。2012年3月至2016年8月，PPI连续54个月负增长。2016年推行供给侧改革，2017年PPI触底反弹，打破“债务—通缩循环”（余永定，2019）。

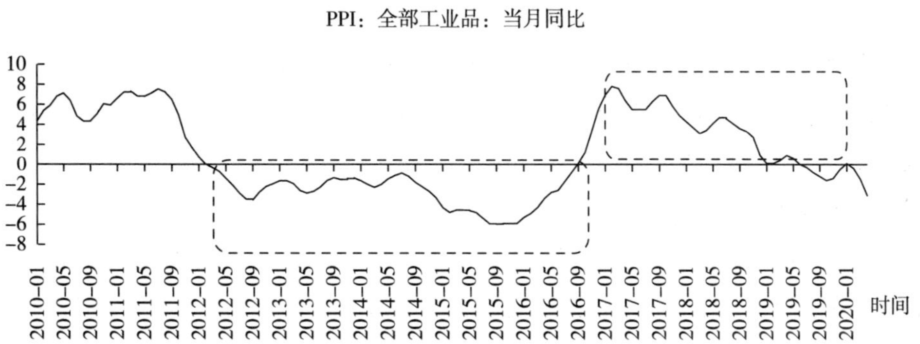

图1　2017年是PPI的分水岭

（资料来源：Wind资讯）

2020 年，新冠肺炎疫情中断经济弱复苏进程，政策扶持缓和疫情影响。(1) 1~4 月疫情初期，政策以流动性支持为主。疫情期间，企业停工停产，消费服务业的限制使很多企业遭遇了不小的现金流压力（见图 2）。那么，疫情期间以及后续的复工复产就需要充足的流动性支持。同时，随着海外疫情的蔓延，原油黑天鹅事件，海外市场剧烈波动，也引致了国内的紧张情绪。在海内外双重扰动、复工复产并不充分的背景下，对流动性的呵护和情绪的安抚，保证经济参与者对未来经济的信心，保证金融系统的稳定是非常重要的。(2) 5 月后稳就业和救实体成为新的政策目标。尽管第一季度 GDP 增速仅下滑 6.8%，第二季度各项经济数据逐步向好，但是中共中央多次用“前所未有”来形容新冠肺炎疫情对我国经济社会的冲击，我们也不宜低估未来实体经济和就业形势的压力。例如：居民消费受到收入约束；经济预期下调，企业招工需求减弱；企业的资本开支意愿和能力下降。这些因素都是实体经济潜在的压力点。

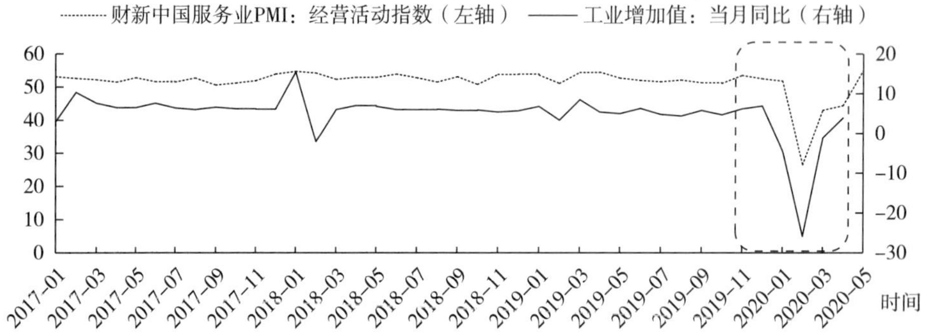

图 2　财新 PMI 和工业增加值增速

（资料来源：Wind 资讯）

2020 年 7 月 10 日，中国人民银行发布 6 月金融数据，中国 6 月新增人民币贷款 18100 亿元，预期 17619 亿元，前值 14800 亿元；社会融资规模增量 34300 亿元，前值 31900 亿元；6 月 M_2 同比 11.1%，预期 11.2%，前值 11.1%，M_1 货币供应同比 6.5%，前值 6.8%，M_0 货币供应同比 9.5%，前值 9.5%。如图 3 所示。6 月信贷社融数据总量增长温和，信贷增长稳定叠加信贷规模调控引发的未贴现票据高增是社融同比增长的主要支撑。整体来看，实体经济各部门信贷需求大体均衡，但票据融资拖累企业信贷增长。短期信贷增长显弱，居民存款相对高增，表明居民部门支出意愿仍然不足，企业经营尚有压力。

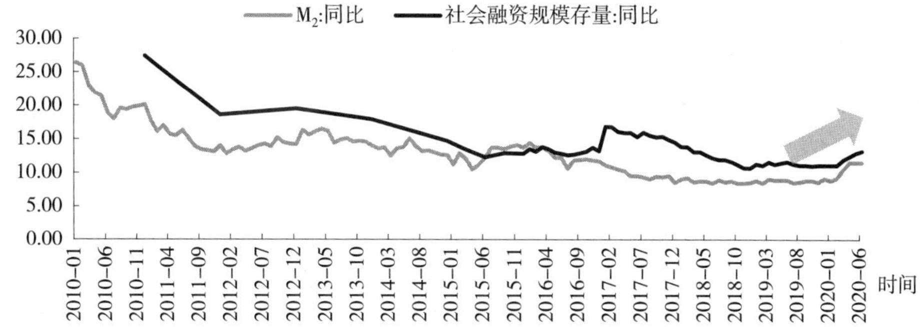

图 3　M_2 和社融同比增速

（资料来源：Wind 资讯）

M_1 和 M_2 剪刀差负值企稳，反映实体经济活力尚未恢复。M_1 和 M_2 剪刀差是指 M_1 与 M_2 的同比增速之差。M_1 增速变动主要来自保证金存款、企业活期存款和机关团体存款增速变动，M_2 增速还会考虑居民储蓄存款、企业定期存款的影响。观察 2016 年的 M_1 和 M_2 正增速差，地产和地方融资平台的活期存款增速较快，促使 M_1 增速上升，拉大正剪刀差。2019 年 M_1 和 M_2 剪刀差持续为负，一方面是企业投资动力不足，使用流动资金购买了数量较大的银行理财产品，拉低 M_1 增速；另一方面是房地产保持政策定力，地方融资平台运作约束加大，使房企和融资平台的计入 M_1 的存款数量出现下降。如图 4 所示。

图 4　M_1 和 M_2 增速剪刀差

（资料来源：Wind 资讯）

（二）小微政策回顾

自 2013 年起，小微企业的支持政策频频出台。由于小微企业对社会就业稳定、经济增长以及财政税收的重要作用，定向支持小微企业发展成为稳增长政策的一个重要抓手。政府出台了一系列货币政策、财政政策和产业支持政策，对小微企业进行定向扶持。以货币政策为例，货币政策主要是通过定向降准、MLF、再贷款、再贴现等各类结构性工具，引导金融机构精准有效支持实体经济，尤其是支持民营企业和小微企业。如表3所示。实证研究表明，定向降准能较好地改善小微企业融资状况，而MLF对小微企业融资的影响虽然相对较弱，但近年来其正向拉动作用正逐渐增强（笪哲，2020）。

表3　支持小微企业的货币政策整理

时间	来源	内容
2020-06-01	中国人民银行	中国人民银行再创设两个直达实体经济的货币政策工具，一个是普惠小微企业贷款延期支持工具，另一个是普惠小微企业信用贷款支持计划。普惠小微企业贷款延期支持工具，提供400亿元再贷款资金，通过特定目的工具（SPV）与地方法人银行签订利率互换协议的方式，向地方法人银行提供激励；普惠小微企业信用贷款支持计划，提供4000亿元再贷款资金，通过特定目的工具（SPV）与地方法人银行签订信用贷款支持计划合同的方式，向地方法人银行提供优惠资金支持
2020-04-13	中国人民银行	为支持实体经济发展，加大对中小微企业支持力度，降低融资成本，决定对中小银行定向降准1个百分点，于4月15日和5月15日两次实施，每次下调0.5个百分点，共释放长期资金约4000亿元
2020-03-16	中国人民银行	为支持实体经济发展，降低社会融资实际成本，中国人民银行决定于2020年3月16日实施普惠金融定向降准，对达到考核标准的银行定向降准0.5个至1个百分点。在此之外，对符合条件的股份制商业银行再额外定向降准1个百分点，支持发放普惠金融领域贷款。以上定向降准共释放长期资金5500亿元
2019-07-15	中国人民银行	对中小银行开展增量操作，总操作量2000亿元在等量续做中期借贷便利（MLF）的基础上，对中小银行开展2000亿元的增量操作。当日人民银行第3次对服务县域的农村商业银行调整存款准备金率，释放长期资金约1000亿元
2019-06-19	中国人民银行	为维护半年末流动性平稳，中国人民银行在对当日到期的2000亿元中期借贷便利（MLF）等量续做的基础上，对中小银行开展增量操作，总操作量2400亿元，同时开展14天期逆回购操作400亿元

续表

时间	来源	内容
2019-06-14	中国人民银行	当天增加再贴现额度2000亿元、常备借贷便利额度1000亿元，加强对中小银行流动性支持，保持中小银行流动性充足。中小银行可使用合格债券、同业存单、票据等作为质押品，向人民银行申请流动性支持
2019-06-06	中国人民银行	为对冲MLF和逆回购到期、政府债券发行缴款等因素的影响，维护银行体系流动性合理充裕，在对当日到期的4630亿元中期借贷便利（MLF）等量续做的基础上，对中小银行开展5000亿元的增量操作，利率3.3%，期限为1年。同时开展100亿元的逆回购操作
2019-05-06	中国人民银行	从2019年5月15日开始对聚焦当地、服务县域的中小银行，实行较低的优惠存款准备金率。约有1000家县域农商行可以享受该项优惠政策，释放长期资金约2800亿元，全部用于发放民营和小微企业贷款
2019-01-03	中国人民银行	自2019年起，将普惠金融定向降准小型和微型企业贷款考核标准由“单户授信小于500万元”调整为“单户授信小于1000万元”。引导金融机构更好地满足小微企业的贷款需求，使更多的小微企业受益
2018-12-19	中国人民银行	决定创设定向中期借贷便利（TMLF），根据金融机构对小微企业、民营企业贷款增长情况，向其提供长期稳定资金来源
2018-12-19	中国人民银行	根据中小金融机构使用再贷款和再贴现支持小微企业、民营企业的情况，中国人民银行决定再增加再贷款和再贴现额度1000亿元
2018-10-22	中国人民银行	再增加再贷款和再贴现额度1500亿元，发挥其定向调控、精准滴灌功能，支持金融机构扩大对小微、民营企业的信贷投放
2018-10-07	中国人民银行	从2018年10月15日起，下调大型商业银行、股份制商业银行、城市商业银行、非县域农村商业银行、外资银行人民币存款准备金率1个百分点，当日到期的MLF不再续做。引导金融机构继续加大对小微企业、民营企业及创新型企业支持力度
2018-06-25	银发〔2018〕162号	《关于进一步深化小微企业金融服务的意见》，增加支小支农再贷款和再贴现额度共1500亿元，下调支小再贷款利率0.5个百分点。将单户授信500万元及以下的小微企业贷款纳入MLF的合格抵押品范围。将符合条件的小微企业和个体工商户贷款利息收入免征增值税单户授信额度上限，由100万元提高到500万元

续表

时间	来源	内容
2018－06－24	中国人民银行	从 2018 年 7 月 5 日起，下调国有大型商业银行、股份制商业银行、邮政储蓄银行、城市商业银行、非县域农村商业银行、外资银行人民币存款准备金率 0.5 个百分点。邮政储蓄银行和城市商业银行、非县域农商行等中小银行应将降准资金主要用于小微企业贷款，着力缓解小微企业融资难融资贵问题
2018－06－01	中国人民银行	决定适当扩大 MLF 担保品范围，新纳入中期借贷便利担保品范围的有：不低于 AA 级的小微企业、绿色和“三农”金融债券，AA＋级、AA 级公司信用类债券（优先接受涉及小微企业、绿色经济的债券），优质的小微企业贷款和绿色贷款
2018－04－25	中国人民银行	从 2018 年 7 月 5 日起，下调国有大型商业银行、股份制商业银行、邮政储蓄银行、城市商业银行、非县域农村商业银行、外资银行人民币存款准备金率 0.5 个百分点。邮政储蓄银行和城市商业银行、非县域农商行等中小银行应将降准资金主要用于小微企业贷款，着力缓解小微企业融资难融资贵问题
2017－09－29	银发〔2017〕222 号	《中国人民银行关于对普惠金融实施定向降准的通知》，将定向降准政策拓展为普惠金融定向降准
2014－07－23	银监会	《中国银监会关于完善和创新小微企业贷款服务 提高小微企业金融服务水平的通知》，以解决“倒贷”问题降低小微企业融资成本

资料来源：中国人民银行、银保监会。

在疫情冲击之下，得益于政策的扶持，小微企业经济活力恢复迅速。疫情暴发后，2020 年 2 月 1 日，人民银行、财政部、银保监会、证监会、外汇局联合出台《关于进一步强化金融支持防控新型冠状病毒感染肺炎疫情的通知》，共涵盖五部分，30 余项措施。在扶持实体经济方面，主要包括信贷支持、资本市场支持、受疫情影响较大地区、行业和企业定向扶持三个方面。中央层面政策发布后，苏州、上海、北京等地方政府相继出台配套措施。2020 年 4 月 10 日，人民银行举行 2020 年第一季度金融统计数据发布会，并多处提到“小微企业”，并着重介绍了贷款再贴现专用额度、下调支农再贷款支小再贷款利率、中小银行发行小微金融债、贷款本息展期等多种措施。得益于政策的迅速扶持，小型企业的 PMI 已经恢复到荣枯线上方，复工率达到 91%。

三、小微企业融资

（一）间接融资

间接融资是我国企业融资的主要途径。但是由于信贷配给制度，中小微企业普遍不能获得充裕的信贷额度。王馨（2015）认为，通过互联网金融的方式，可以弥补适量的供给缺口，减轻信贷配给程度，促进了金融资源的合理配置。但是谢平（2011）指出，在互联网金融模式下，针对现在的金融机构，如商业银行、证券公司和保险公司的审慎监管可能将不存在，以行为监管和金融消费者保护为主。

定向支持小微和民营企业信贷是2018年以来货币政策的最主要特征。2018年1月，以普惠金融定向降准开启货币政策宽松历程，此后多次定向降准释放中长期资金，引导金融机构加大对“三农”、小微、民营等企业的支持力度；2018年三次增加再贷款和再贴现额度，下调支小再贷款利率0.5个百分点，2019年扩大再贷款范围至部分中小银行；扩大再贷款、MLF等货币政策工具的合格担保品范围，扩大小微企业贷款考核口径，并在宏观审慎评估（MPA）中增设小微企业、民营企业融资专项指标；创设定向中期借贷便利（TMLF）工具，根据金融机构对小微、民营企业的支持情况向其提供优惠利率的长期流动性。2020年创设两个直达实体经济的货币政策工具，400亿元再贷款激励普惠小微企业贷款“应延尽延”，4000亿元再贷款支持普惠小微企业信用贷款。

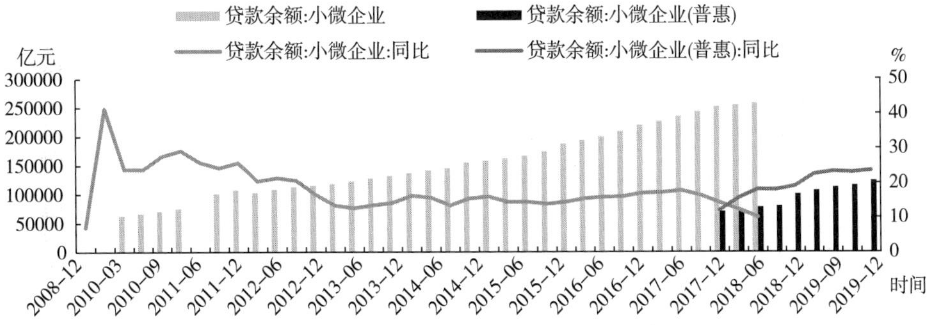

图5　2018年以来普惠金融小微贷款增速大幅提升

（资料来源：Wind资讯）

谁是发放普惠小微贷款的主力？对于不同规模金融机构对中小企业的服务

效率问题，林毅夫（2001）指出，大型金融机构天生不适合为中小企业服务，大力发展和完善中小金融机构是解决我国中小企业融资难问题的根本出路。截至2020年3月，从发放普惠小微贷款规模上看，农村商业银行和大型商业银行是主力。农村商业银行普惠小微贷款余额4.5万亿元，大型商业银行3.8万亿元，股份制商业银行2.2万亿元，城市商业银行1.8万亿元。如图6所示。

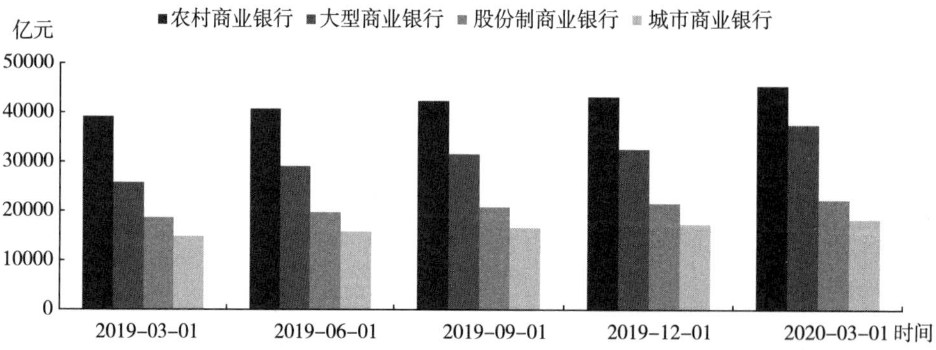

图6　大型国有银行、农商行和城商行是发放普惠小微贷款的主力

（资料来源：Wind资讯）

哪些行业是小微贷款的重点投放对象？截至2016年，金融机构小型企业贷款分行业的投向排名前五的分别是制造业批发和零售业、租赁和商务服务业、水利环境和公共设施、交通运输仓储和邮政业。金融机构微型企业贷款分行业的投向排名前五的分别是房地产业、制造业、批发和零售业、交通运输仓储和邮政业、租赁和商务服务业。合并小型企业和微型企业来看，投向制造业的贷款最多，预计在4万亿~5万亿元。

得益于政策的指引，小微贷款需求持续旺盛但资金价格进入下行通道。用银行家问卷调查中的小型企业贷款需求指数表示小微企业贷款需求，用温州民间融资利率表示市场化的小微企业贷款资金价格，二者从2016年开始出现背离，并且2017—2019年的背离程度愈加严重，即贷款需求上行，但是资金价格下行，从供需分析可知，是资金供给增加的速度大于贷款需求增加的速度所致。结合前文的小微企业定向扶持货币政策可知，银保监会、人民银行的扶持政策导致银行的小微企业贷款供给增加，故能在保证了贷款需求增加的同时让信贷资金价格下降，进而带动民间融资利率下降。

图 7　温州民间融资利率、小型企业贷款需求指数

（资料来源：Wind 资讯）

银行发行小微企业金融债量升价低，保障后续小微企业贷款投放。2011 年 10 月 24 日，银监会下发《关于支持商业银行进一步改进小型微型企业金融服务的补充通知》，允许银行发行小微企业专项金融债，以支持小微企业融资。由于此前发行成本较高、环节较多，国有大行、股份制银行等对此兴趣一般，发行人以中小银行为主。2018 年以后，中国人民银行等五部委发布《关于进一步深化小微企业金融服务的意见》，鼓励银行业、金融机构发行小微企业金融债券，监管机构在债券发行便利性、小微企业信贷监管考核以及财税政策等方面给予商业银行一定支持，银行小微金融债因此得到较快发展。在 2020 年第一季度金融统计数据新闻发布会上，中国人民银行提出今年支持银行尤其是中小银行发行小微金融债，筹集资金专项用于发放小微企业贷款，预计 2020 年发行规模为近 3000 亿元，如表 4 所示。同时，还将支持中小银行在债券市场上发行二级资本债、永续债，增强中小银行资本实力，缓解资本约束，提升小微企业贷款投放能力。

表 4　小微企业金融债发行情况　　单位：亿元、%

年份	发行总额	平均票面利率
2013	30	5. 13
2015	359	4. 48
2016	849	3. 54
2017	555	4. 85
2018	2145	4. 46
2019	2048	3. 71
2020	2473	2. 96
总计	8459	3. 87

资料来源：Wind 资讯。

受疫情影响，小微企业的借贷需求恢复仍需时间。目前，货币政策稳增长手段主要集中于投放结构化工具以及督促社融投放降成本两项上。但从中国人民银行公布的银行家问卷调查数据来看，虽然目前小微信贷投放利率持续下行，但小型企业的贷款需求指数依旧不断下行。由于企业资质的分化直接体现在其融资手段的丰富与否，当前企业平均融资成本仅在1.94%左右，小企业由于缺乏类似的融资手段使其对宏观环境冷热较为敏感：小企业进入与退出相较大中型企业也更灵活。虽然政策层力图为小企业流动性提供保障，但企业主预期经营压力较大，其信贷需求就仍显示不足。

（二）直接融资

信用债市场分层明显，预算软约束背景下投资者偏好难改。2020年1～6月，企业信用债净融资2.97万亿元，创出近年来新高。但需要注意的是，民营企业在净融资中仍显弱势，同地方国企、央企相比，民营企业的净融资相对较少，同历史情况对比，即便今年有疫情防控债等特殊债券的政策扶持，民企债券净融资额表现未超过历史高点。如表5所示。

表5　疫情冲击下政策发力对冲

单位：亿元

时间	合计净融资	地方国企净融资金额	央企净融资金额	民企净融资金额
2020年1～6月	29747	20367	8055	1325
2019年1～6月	10502	8299	3327	－1124
2018年1～6月	4603	3247	1579	－223
2017年1～6月	－4044	－345	－4449	750
2016年1～6月	19440	10688	3651	5101
2015年1～6月	8457	6428	983	1046

资料来源：Wind资讯。

在2020年疫情背景下，违约金额不低但企业情况存在变化。2020年1～6月，违约金额110亿元，仅低于2019年的147亿元（见表6）。对比过往历次违约，2020年的违约基本都是民营企业。观察具体违约企业情况，如康美、中融新大、力帆、宜华等，都是债券市场违约预期十分明确、再融资基本中断的高收益债券，类似的高收益债券逐步违约对市场的冲击有限。

表6　企业资质恶化程度尚待观察

时间	评级下调数量	首次违约数量	首次违约金额（亿元）
2020 年 1 ~6 月	45	11	110
2019 年 1 ~6 月	47	20	147
2018 年 1 ~6 月	41	9	72
2017 年 1 ~6 月	37	2	15
2016 年 1 ~6 月	103	16	64
2015 年 1 ~6 月	54	11	34

资料来源：Wind 资讯。

从信用债视角看实体企业经营，民企效率较高，但投融资承压明显。本部分以信用债市场发债主体 2019 年年报为样本，得到盈利情况和现金流情况如下：（1）民企毛利率净利率占优。2019 年全年，民企的毛利率为 22.1%，与 2018 年全年基本持平，而中央国企和地方国企分别为 16.5% 和 14.8%，较 2018 年全年下降 0.4 个百分点和 1.0 个百分点；民企在毛利率和销售净利率上要明显优于国企。（2）民企投融资相对被动。从筹资净现金流来看，国企和民企均处于降杠杆的周期内，其中国企是由于自上而下的杠杆管控，而民企则更多的是因为再融资环境的恶化，难以得到成规模的融资支持所致。从投资净现金流来看，民营企业的投资活动比较少，而地方国企和中央国企的投资行为比较活跃，且波动较大，对比 2019 年全年和 2018 年全年，地方国企的投资净现金流出增速由负转正，提升 26.5 个百分点，而民企则由正转负，下降 21.2 个百分点，反映了在信用逐渐分层环境下，民企减少了投资行为。

除了所有制属性外，信用债市场也看重规模属性，强行将债券市场和中小企业结合并不适当。观察 2014—2020 年信用债市场，民企发行人数量从 2016 年近 600 家下降到 2019 年 280 家。假定总资产规模排名末尾 10% 分位的发行人为信用债市场的"中小企业"，可以发现这类企业的规模（总资产、收入、利润）最近五年呈现迅速增长的态势。但信用债市场的"中小企业"规模提升并没有伴随企业偿债能力提升（总债务/EBITA、EBITA/I 提升并不明显），这是市场出清中小发行人所致。需要注意的是，在信用债市场，总资产规模排名 10% 分位数的发行人 2020 年资产收入超过 100 亿元、利润超过 5 亿元、经营性现金流净额约 10 亿元（见表 7），同时集团旗下有两家上市公司，这很难称为常规意义的中小企业。

表7　总资产规模排名末尾10%分位的民企发行人

年份	总资产（亿元）	收入（亿元）	利润（亿元）	经营性现金流（亿元）	总债务/EBITA	EBITA/I
2014	4.25	3.04	0.45	0.39	0.86	—
2015	32.87	29.76	2.02	4.17	2.29	12.64
2016	43.09	18.35	0.17	-1.4	6.26	2.82
2017	47.04	25.3	5.97	5.61	1.92	21.17
2018	64.85	98.43	6.06	3.67	—	—
2019	84.15	29.97	2.76	-1.58	6.02	11.35
2020	107.81	92.11	5.2	9.89	3.41	8.11

资料来源：Wind资讯。

（三）创新方案

集合债券是帮助中小微企业直接融资的新办法，2007年开始兴起，2016年达到顶峰（见表8）。观察中小企业集合债和小微企业集合债的演进情况，2007年11月14日，深圳市20家中小企业集合发行的10亿元“07深中小债”，成为中国首只由中小企业集合发行的债券。这种将中小企业打包捆绑、集合发债的方式开创了新的融资模式。除中小企业集合债外，还有小微企业增信集合债券，主要是指由国有企业或城投公司发行的债券，其募集资金用于通过商业银行转贷管理。

表8　集合债发行规模及利率　　单位：亿元、%

年份	发行总额	平均票面利率
2007	10	5.7
2009	10	6.53
2010	2	4.66
2011	23	6.84
2012	10	7.31
2013	4	7.6
2014	28	7.68
2015	42	5.34
2016	137	4.79
2017	53	5.65
2018	27	7.2
总计	347	5.89

资料来源：Wind资讯。

集合债券本质上需要地方国企/城投为其增信。为保障所发债券本息的偿还，将设立风险储备基金和政府风险缓释基金。前者主要为委托贷款利率与债券发行利率所形成的利差收入；后者则为当地政府将一定规模的资金（如债券规模的5%）存入银行的风险缓释基金账户。若上述两部分资金仍无法满足本息偿付的需求，发行人将以自身收入进行偿还。这种方式解决了中小企业融资难的方式，同郭娜（2011）认为的大力发展担保机构，通过提高担保机构服务质量来解决中小企业融资难的建议基本类似。

但是以“13 云中小债”为例，对担保方而言，“13 云中小债”违约折射出集合债品种风险收益不对等。2013 年 4 月，昆明产业开发投资有限责任公司（昆明产投）发行联合 6 家中小企业的“13 云中小债”，该债券由昆明产投提供担保，债券规模 4 亿元，期限 6 年，利率 7.6%。参与“13 云中小债”联合发行的 6 家中小企业后续发展情况不一，出现多种结局（见表 9），具体为：（1）违约代偿。2016 年 4 月 13 日，天浩公司公告称，受昆明泛亚有色金属交易所清理整顿以及铟和锗价格下跌的影响，公司暂停了铟和锗的生产，导致公司自主偿债能力下降，存在无法还本付息风险，并已申请担保人履行担保责任。2016 年 4 月 22 日，昆明产投将 704 万元拨付至“13 云中小债”偿债专户，用于清偿天浩公司对应本只债券到期利息和偿债风险准备金。（2）上市失败。积大制药、锦苑花卉、普尔顿上市失败，其中锦苑花卉、普尔顿由于在 Pre－IPO 投资中涉及股权回购条款，上市失败后大股东无力回购 Pre－IPO 投资者股权，导致控制权变更。（3）上市成功。2016 年 3 月 15 日，川金诺成功在深交所 IPO 发行上市。（4）新三板挂牌。2015 年 11 月，维和药业在新三板挂牌转让。

表 9 “13 云中小债”发行企业概况及后续

公司	发债金额	公司介绍	后续动态
昆明积大制药股份有限公司	10000 万元	昆明积大制药股份有限公司诞生于 1993 年 8 月 8 日的首届“昆交会”，是云南省政府重点扶持的十户重点制药企业之一，云南省西药品种最全的制药企业之一，并持续获得云南省高新技术企业、外商投资先进技术企业、云南省十佳明星侨资企业等殊荣	2016 年 8 月，中国证监会公布了 6～9 月终止审查的 56 家首发企业名单。其中，昆明积大制药股份有限公司在列

续表

公司	发债金额	公司介绍	后续动态
云南维和药业股份有限公司	9000 万元	维和药业成立于 2008 年 12 月，主要从事以三七为主要原材料的天然植物药的研发、生产和销售，以及三七等中药材的种植业务	2015 年 11 月，云南维和药业股份有限公司股票在全国股转系统挂牌公开转让
云南锦苑花卉产业股份有限公司	7000 万元	锦苑花卉创建于 1995 年，历经 25 年的探索和发展，现已成为云南省最大的花蔬种植培育和销售企业，2014 年准备向证监会上报上市材料，并争取 2015 年登陆主板市场。融资用于改进节水灌溉和冷链运输等生产设备	2014 年，锦苑花卉 IPO 失败，成为昆明产投下属控股公司
昆明川金诺化工股份有限公司	7000 万元	公司是专业从事磷化工产业链的股份制企业，主要生产磷酸、磷酸盐、磷石膏建材等产品	2016 年 3 月 15 日成功在深交所发行上市
云南天浩稀贵金属股份有限公司	4000 万元	2001 年 12 月公司成立，经营范围包括铅、锌、锗、铟、高纯金属锌粉的生产、加工、销售等	涉及泛亚交易所事件，导致参与的中小企业集合债违约
昆明普尔顿环保科技股份有限公司	3000 万元	2003 年 9 月成立，主要生产排水管、供水管、电力电信管等产品	2015 年 12 月 10 日，实际控制人由创始人周听昌变为昆明产投。2016 年 9 月，昆明普尔顿环保科技股份有限公司股票在全国股转系统挂牌公开转让
合计	4 亿元		

资料来源：Wind 资讯。

（四）支持效果

制造业是小微企业信贷的最大投向，总体来看，2011—2016 年制造业增速连续下跌 5 年，供给侧结构性改革后稳步回升后再度下降。制造业的固定投资增速，总体呈现“M”形的走势（见图 8）。（1）制造业增速的第一个顶部出现在 2010—2011 年，增速见顶于四万亿元刺激的退出阶段，其原因或是制造业投资滞后于基础设施建设和房地产开发投资。观察制造业分项，与基建地产强关联的机械设备制造行业景气顶点在 2011 年。（2）2016 年供给侧结构性改革提出后，PPI 同比增速逐步由负转正，固定资产投资下滑趋势结束，制造业信心明显好转，行业景气度回升。（3）2018 年地产投资韧性犹在，基建投资收缩，制造业增速小幅上升，PPI 再次转负。

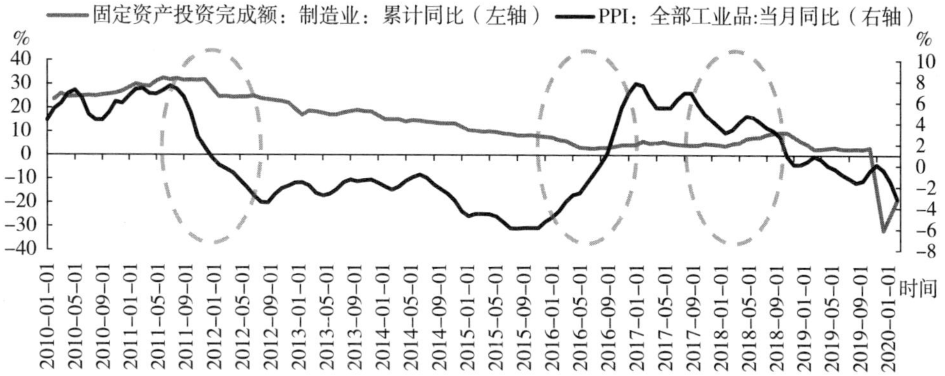

图 8　制造业投资累计同比增速和 PPI 同比增速

（资料来源：Wind 资讯）

分类别看，以煤炭开采、黑色金属采选为产业上游，其价格波动处于制造业领先位置。观察采掘工业的 PPI 同比增速，见顶于 2017 年第一季度，明显早于全部工业品 PPI（见图 9）。与 PPI 快速恢复相反，煤炭开采、黑色金属采选的固定资产投资增速在 2018 年才转正，一方面是因为供给侧结构性改革本就是压降固定资产投资、减少相关产业信贷支持，另一方面有产业政策的指引作用（如煤炭行业先进产能减量置换政策），遏制了供给侧结构性改革中龙头企业的扩产动机。

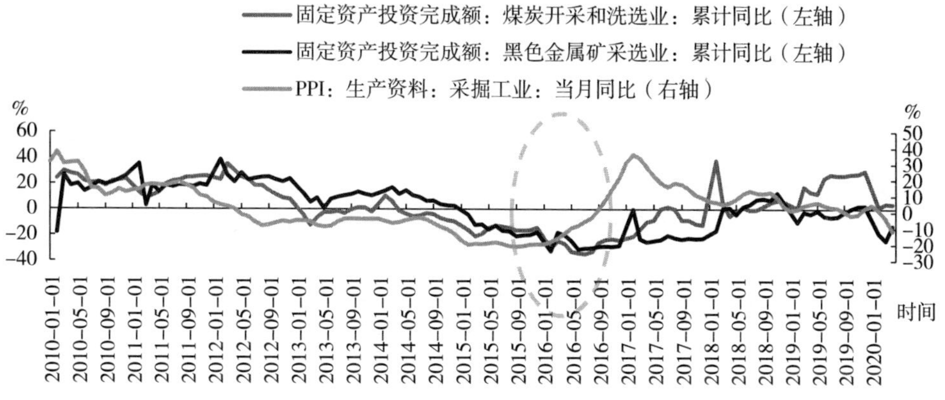

图 9　上游制造业投资累计同比增速和 PPI 同比增速

（资料来源：Wind 资讯）

以黑色金属冶炼业为中游制造业的代表，其景气波动和制造业整体基本相符。观察供给侧结构性改革后黑色金属冶炼业的波动情况，其景气程度好于煤炭采选，部分原因或是因为其离基建/地产更近，存在产业景气下游向上游传导的先后次序。2017 年，加工工业 PPI 同比增速达到阶段顶点。2017—2019 年，黑色金属冶炼业固定资产投资增速逐步向上，供给扩大的同时基建需求增速放缓，导致 PPI 下降。如图 10 所示。

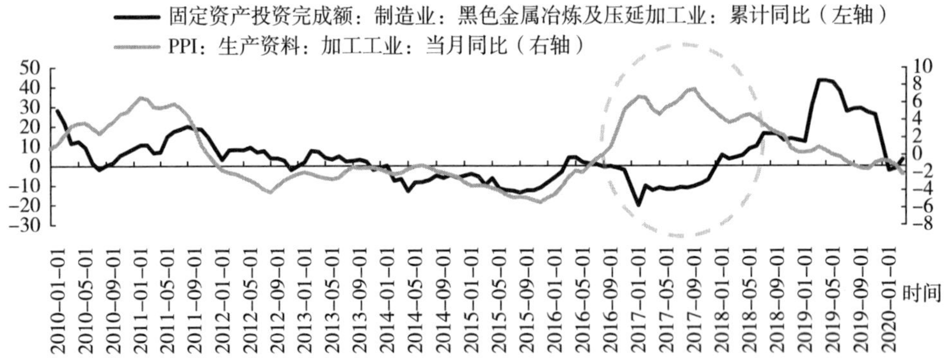

图 10　中游制造业投资累计同比增速和 PPI 同比增速

（资料来源：Wind 资讯）

以食品制造为下游制造业的代表，其波动滞后于整体产业链。供给侧结构性改革并未直接影响下游产能，故 2016 年食品制造的固定资产投资增速和过往并无多大差别，2017 年后即便下降也基本为正。下游制造业除了承担了中上游供给侧改革带来的成本增加，波动还受到自身产业环境影响。2019 年非洲猪瘟事件增加食品加工制造成本，推高出厂价格，导致 PPI 同比逐步上升。如图 11 所示。

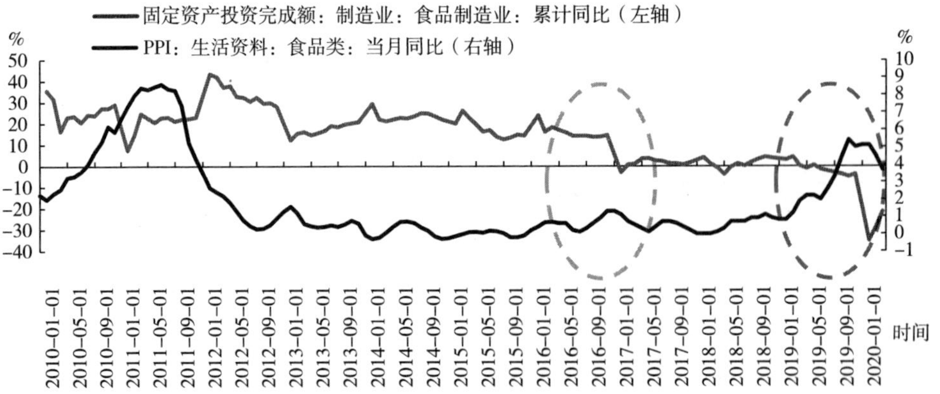

图 11　下游制造业投资累计同比增速和 PPI 同比增速

（资料来源：Wind 资讯）

四、未来展望

长期以来，金融机构一直面临着将有限的金融资源支持“三农”、小微还是支持基建地产的选择。由于货币投放更偏向自上而下的宏观传导，中央人民银行难以控制货币的流向，因此，无论是以债券市场为代表的直接融资，还是以信贷体系为主的间接融资市场，在支持实体经济的过程中，都会面临总量和结构的分歧。因此，我们非常有必要探讨如何双轮驱动。创造性地开展直接融资和间接融资有效结合的金融工具，是为了使资金更有效地直达实体层面。

2020 年《政府工作报告》首次提出“创新直达实体经济的货币政策工具”，而实际上，国家在实体融资方面一直都有创新。例如，2019 年下半年利率市场化改革，将 LPR 与 MLF 操作利率挂钩，通过降息实现了实体融资成本的压降。从 LPR 改革，到要求银行向实体“让利”，再到直达实体的货币政策工具，政府和货币当局试图寻找能够直接帮助实体融资的方式，尤其是在 2020 年这个不同寻常的疫情之年。

无论是股票市场、债券市场还是信贷体系，支持实体经济、扶持小微民企都是应有之义。股票市场可以通过科创板、注册制等创新举措帮助新经济企业实现股权融资，信贷体系则在 MPA 考核以及监管引导下对于实体经济多有让利，相比之下，债券市场曾采取面向中小微企业的品种，如中小企业集合债、中小企业票据和中小私募债等方式，但效果一般，根源在于产品虽然丰富，但并没有解决根本问题，在任何的资金借贷体系中，融资成本决定资金输送的动力。既然要解决融资难，那么就应在融资价格方面有所取舍，未来直接融资市场可以在创设品种，如实体企业经营融资工具，要求募集资金务必投入有效的生产经营中且信息披露完整，以杜绝资金空转套利、以钱炒钱等行为，同时参考同期限在间接市场的融资价格，允诺相比信贷成本适度优厚的溢价来获取银行乃至多重投资机构的关注，在常态化信用分层的市场体系中获取“顺理成章”的资金支持。

参考文献

[1] 笪哲．结构性货币政策能纾解小微企业融资困境吗［J］．金融经济学研究，2020（2）．

[2] 郭娜．政府？市场？谁更有效——中小企业融资难解决机制有效性研

究［J］. 金融研究，2013（3）.

［3］国家统计局. 统计上大中小微企业划分办法（2017）［S］，2017－12－28.

［4］林毅夫，李永军. 中小金融机构发展与中小企业融资［J］. 经济研究，2001（1）.

［5］王馨. 互联网金融助解“长尾”小微企业融资难问题研究［J］. 金融研究，2015（3）.

［6］谢平，邹传伟. 互联网金融模式研究［J］. 金融研究，2012（12）.

［7］余永定. 九十年代以来中国宏观调控研究［M］. 北京：中国社会科学出版社，2019.

［8］郑霞. 政策视角下小微企业融资机制创新研究［J］. 中央财经大学学报，2015（1）.

［9］中国人民银行，中国银保监会. 中国小微企业金融服务报告（2018）.

［10］中国人民银行. 中国区域金融运行报告（2020）.

应用 RNIV 框架计量新三板市场风险实践初探

李 滨[*] 王 雯[**] 陈春秀[***]

摘 要： RNIV（Risk not in VaR）是巴塞尔协议市场风险审查框架的一部分，用于计量未被 VaR 模型充分监测到的风险，从 2010 年开始，在英国运营的欧美大型投资银行开始建立各自的 RNIV 框架。本文基于国际投行实践，对 RNIV 的定义、类型以及实例进行了详细阐述，并提出可采用类 VAR、压力测试等多个方法识别与计量金融机构的市场风险 RNIV，并将其应用于新三板市场流动性不足情景下的市场风险计量实践中，以期为我国市场风险计量实践提供有益借鉴。

关键词： RNIV 新三板 市场风险 VaR 压力测试

一、引言

VaR（Value at Risk）模型是目前投资组合市场风险计量的统一标准。VaR 模型是指在正常的市场条件和置信水平下，金融机构或投资组合在未来特定的一段时间内的最大可能损失。与传统风险计量手段不同，VaR 模型是完全基于统计分析基础上的风险计量技术，它以投资组合价格或百分比测度风险程度，

---

* 李滨，男，博士，中泰证券股份有限公司风险管理部副总经理，主要研究方向为金融工程。

** 王雯，女，博士，复旦大学应用经济学博士后，中泰证券股份有限公司风险管理部高级经理，主要研究方向为金融风险管理。

*** 陈春秀，女，硕士，中泰证券股份有限公司风险管理部助理，主要研究方向为金融数学。

可用于股票、债券、商品、各类衍生品或任何其他具有价格的资产。VaR 模型的优点体现在以下方面：易于计算；通过 VaR 值大小直观反映金融风险水平；提供了统一的计量标准，可测度不同市场因子、不同金融工具、不同业务部门及不同金融机构投资组合的风险敞口；充分考虑了不同资产价格变化之间的分散化效应和对降低风险的贡献；考虑了金融机构中不同业务部门对总体投资组合风险的分散化程度；可以事前计算风险，区别于以往风险管理的方法都是在事后衡量风险大小。正是由于上述优点，其成为金融市场中应用最为广泛的风险度量标准，被金融机构广泛应用于风险偏好制定、限额管理、风险资本估算，甚至绩效评估等。

VaR 模型是对现实世界的简化，能够捕捉到市场风险的主要变化，但出于对模型复杂度的考虑，忽略了现实世界的一些细节，VaR 模型无法覆盖尾部风险、违约风险、流动性风险和日中交易风险等，而这些被忽略的细节在 2008 年国际金融危机之前并未起到关键性作用。而 2008 年国际金融危机证实了一些曾被忽略的模型细节却起到了重要作用。学者 C Maheshwari 、P Chandra 在 2014 年详细分析了金融危机期间基础利率互换（Basis Swap）① 中的期限错配引发的灾难性风险事件，而在大多数 VaR 模型中，期限因素都被忽略了。当交易双方签订互换协议，约定一方按月支付，另一方按季支付时，就会出现期限错配，每月支付息票且每季度收取息票的一方将面临信用风险，因此，该方需要在其每季度收到的息票中获得风险溢价。在国际金融危机之前，基础利率互换的风险很小。例如，由于流动性强的原因，美国 1 个月和 3 个月的利率互换利差不到 1 个基点。因此，VaR 模型大多忽略不计基础利率互换风险。然而，贝尔斯登和雷曼兄弟的倒闭大大加剧了金融机构对交易对手信用风险的担忧，上述利率互换利差在 2008 年国际金融危机高峰期一路快速上升，最高增至 48 个基点（见图 1），而金融机构的 VaR 模型并未捕捉到该风险的急剧增加，因此导致了金融机构的巨额损失。②

---

① 基础利率互换（Basis Swap）是指，从以一种参考利率为基础的浮动利率互换到以另一种参考利率为基础的浮动利率互换。

② 参见 C Maheshwari，P Chandra. Risk Not in VaR：A Perspective with Some Practical Examples ［EB/OL］.［2014－12－09］. http：//riskarticles. com/risk－not－in－var－a－perspective－with－some－practical－examples/。

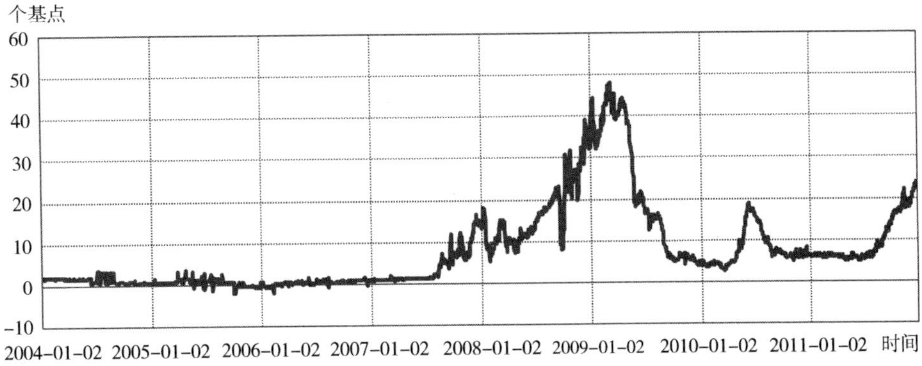

图 1　美国 1 个月和 3 个月的基础利率互换利差

（资料来源：Bloomberg）

二、RNIV 简述

RNIV（Risk not in VaR）最早是由英国前金融服务管理局（Financial Service Authority，FSA）在 2010 年提出来的①，首次要求在英国受到审慎监管的金融机构必须持有资本准备金，以覆盖其内部模型法中缺失或未能充分捕捉到的风险因子，即 RNIV。从 2012 年开始，多数欧美大型投资银行开始建立各自的 RNIV（Risk not in VaR）框架。2013 年，FSA 拆分为金融行为监管局（Financial Conduct Authority，FCA）和审慎监管局（Prudential Regulatory Authority，PRA），FCA 和 PRA 先后在其监管声明②中要求金融机构识别那些没有被 VaR 模型充分监测到的风险，并为此类风险持有额外的资本准备金，这类风险不但包括缺失风险因子或流动性差的风险因子，如交叉风险（Cross - risks）、基差风险（Basis risks）、高阶风险（Higher - order Risks）和校准参数（Calibration Parameters）等，也包括可能对相关业务产生不利影响的事件风险（Event Risks）。对该类风险的识别与对 VaR 模型的额外资本金的计量方法被称为“RNIV 框架”。金融机构负责识别各自的 RNIV 风险，每季度识别、评估并报告 RNIV 框架覆盖的独立风险因子。通过 RNIV 框架，风险管理人员和公司管理层可以更好地了解公司金融工具估值与风险计量模型的缺陷。2016 年，PRA 在其监管声明中进一步要求金融机构对其 RNIV 框架进行模型验证，并向监管

① 参见 FSA. The prudential regime for trading activities［R］. London：FSA，2010。

② 参见 FCA. Capital Requirements Directive Ⅳ Instrument［R］. London：FCA，2013；PRA. Supervisory Statement：Market risk［R］. London：PRA，2013。

机构上报其对 RNIV 框架的任何扩展和修订。

2014 年，巴塞尔银行监管委员会（Basel Committee on Banking Supervision, BSBC）发布了《交易账户基本原则审查》（*Fundamental Review of Trading Book*，FRTB），提出“不可建模风险因子”（Non – Modellable Risk Factors, NMRF）这一概念。2016 年 1 月，BSBC 正式发布了 *Minimum Capital Requirements for Market Sisk*，即《市场风险最低资本要求》，正式定义了 FRTB 监管标准。在内部模型法（Internal Models Approach，IMA）框架内，所有的风险因子根据流动性被划分为可建模（Modellable）和不可建模（Non – modellable）两类，前者必须满足在过去 12 个月内有至少 24 个交易记录（具有真实交易价格），相邻的交易记录之间最长间隔不超过 1 个月，并且需要每月评估，如图 2 所示。对于可建模风险因子（MRF），巴塞尔委员会允许使用一般的 VaR 方法计量风险，不同风险因子的相关性可以通过历史数据校准得到，从而使不同可建模风险因子之间可以实现风险的分散与抵消，而对于 NMRF，巴塞尔委员会并没有指定具体的计算方法，但指出可通过对 NMRF 的风险进行分解，寻找合适的 MRF 参考因子对 NMRF 风险进行建模。RNIV 可以部分解决 NMRF 的风险资本计量问题。①

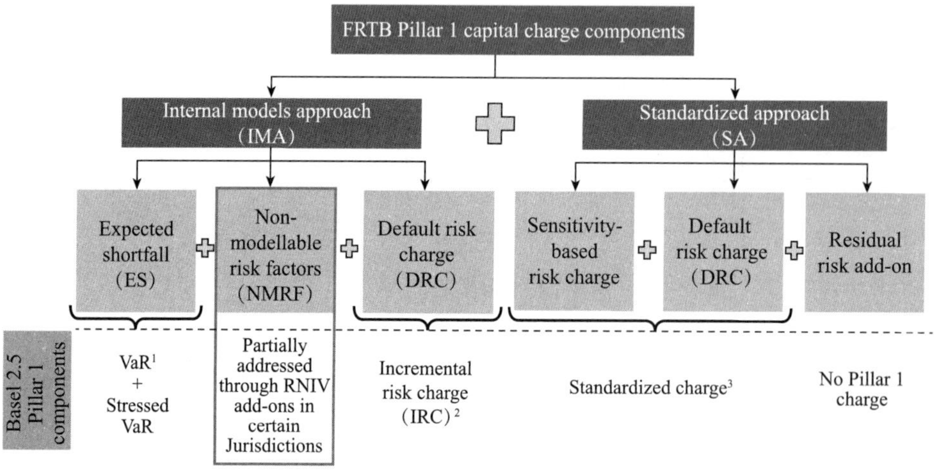

图 2　FRTB 资本要求组成

（资料来源：*Fundamental review of the trading book*, 2014）

① 参见 PRA. Supervisory Statement: Market risk [R]. London: PRA, 2016。

BCBS 于 2019 年 2 月 25 日发布的修订过后的 FRTB 框架将于 2022 年 1 月 1 日起生效，届时将对金融机构的风险管理框架进行全面改革。该框架对目前使用的巴塞尔协议 2.5 市场风险框架进行了一些根本性的修改。RNIV 框架的使用将会推动 FRTB 框架的全面实施。

目前，虽然 RNIV 最初是对英国监管的要求，但已被英国以外的一些监管机构和金融机构采用，2020 年普华永道调查了 26 家全球系统重要银行（G－SIBs），发现其中至少 3 家英国银行、3 家美国银行和 2 家瑞士银行已经采用了 RNIV 框架①。

图 3 是部分国际投行 2019 年市场风险加权资产（RWA）的构成统计，可见 VaR 模型能够覆盖到的市场风险只是所有市场风险的一部分。对于瑞士联合银行来说，RNIV 占市场风险加权资产的比例高达 36%，对总体市场风险具有较大影响力。忽略了 RNIV 就无法全面计量市场风险，可能导致资本充足率不足以覆盖极端风险事件造成的损失。

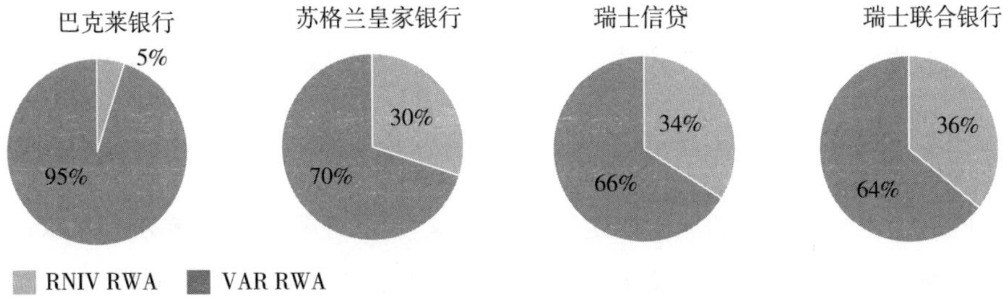

图 3　2019 年部分国际投行 RNIV 风险加权资产占比

（资料来源：Barclays、Credit Suisse、UBS、RBS 2019 年年报）

除基差风险外，RNIV 还适用于以下多个应用场景：（1）历史模拟法生成利率情景。模拟利率情景的关键问题在于如何衡量历史利率曲线的变化，选择绝对变化可能导致负利率的出现，而相对变化可能会导致脱离实际的利率变动，因此，选择利率曲线变化方法的差异会导致在某些特定日期的特定利率变化可能无法被 VaR 模型捕捉到，这部分风险需要利用 RNIV 来计量。（2）无法全面考虑期限利率相关性变化。忽略 VaR 模型将无法计量相关性变化造成的风险，而考虑相关性则通常采用主成分分析法计量三种主要类型的收益率曲线变化（平移、斜率变动和曲度变化），然而三种曲线变化仍然是现实世界的简化，尽管期限利率高度相关，但它们之间仍存在某种程度的独立性，因此不同的利

① 参见 PwC. Risks not in VaR（RNIV）and their role in market risk management［R］，2020。

率建模方法需要各自适用的 RNIV 来计量其可能未考虑全面的期限利率相关性变化。(3) 收益序列分布假设不合理。在现实世界中，收益序列并不符合正态分布假设，且由于中国股票市场涨跌停板的限制，收益序列与正态分布差别更大，因此标准 Black – Scholes 公式不再适用。而现实中大部分金融机构仍采用标准 Black – Scholes 公式对期权定价并计量期权风险，其 VaR 模型并不能捕捉到收益序列分布的差别，需要 RNIV 模型来覆盖这部分风险。(4) 数据缺失。VaR 是基于统计分析基础上的风险计量模型，如果无法获得足够的历史数据，VaR 模型就会失效。这种现象在流动性差的市场中尤为明显，国内的新三板股票市场，因为部分股票的流动性极差，其收益序列中存在大量空白，甚至存在极大的收益差别。例如，新三板挂牌公司温迪数字因违法违规从 2016 年 11 月开始停牌，2018 年 4 月 23 日复牌后暴跌 97.85%。传统的 VaR 模型无法直接适用于该类股票市场风险的计量，如果简单地采用新三板做市指数对缺失数据进行补充，则无法真正反映该类特殊股票的市场风险，因此我们需要在 VaR 模型中引入股票市场的流动性因素，或采用其他 RNIV 模型来覆盖此类风险。①

三、RNIV 的计量方法

FCA 为 RNIV 框架的应用制定了一套定义明确的规则和指导方针，以识别未被金融机构内部模型法覆盖到的风险并计算附加资本，如图 4 所示。

图 4　FCA 发布的 RNIV 框架

RNIV 框架没有要求通用的方法来识别和计量 VaR 模型未涵盖的风险。RNIV 框架建议金融机构在可获得足够数据的情况下，应为框架范围内的每个风险因子计算 VaR 和压力 VaR 指标，这些 RNIV 可以被归类为基于 VaR 方法的 RNIV（类 VaR 方法），如隐含波动率倾斜风险（Volatility Skew Risks）、高阶风险等，不考虑风险因子的风险分散化效果，其风险资本金的计量采用与内部模

① 参见李滨，王雯．RNIV 概述及其风险计量应用初探［J］．企业界，2019（12）：76 – 78。

型法 VaR 相同的乘数。否则，金融机构应该基于压力测试来计量风险，基于压力测试的 RNIV，用于计量在历史上没有被监测到的风险事件，如货币脱钩事件等，其风险资本至少应等于压力测试产生的损失。参考欧美投行的做法，RNIV 的计量方法可总结为类 VaR 方法与压力测试两种。

（一）类 VaR 方法

从监管机构的角度来看，RNIV 的概念已在巴塞尔协议 2.5 中进行了探讨，各大金融机构采取措施识别、计量其 VaR 模型未涵盖的风险是非常有必要的。每一个风险因子都有不同的特点，且会随着市场条件或产品的不同而改变，因此，没有通用的方法来识别这类风险。对于有明确风险因子的金融产品，根据能够获取的市场数据的不同与满足的建模条件的不同，欧美投行多采用与 VaR 类似的量化方法计量 RNIV，以作为对其 VaR 模型的补充。其中，最常用的两种类 VaR 量化方法是边际计量和独立计量。边际计量的 RNIV 的计算公式为

$$RNIV = Percentile\ (VaRP\&L + RNIVP\&L) - Percentile\ (VaRP\&L) \quad (1)$$

独立计量的 RNIV 计算公式为

$$RNIV = Percentile\ (RNIVP\&L) \quad (2)$$

其中，RNIV P&L 代表 VaR 未涵盖部分对应的收益率序列，Percentile（）计算收益率序列的指定分位数，此类 RNIV 的计算采用与 VaR 模型同样的置信区间与时间长度。

（二）压力测试

每个投资组合都有一系列自身特殊的风险，这些风险可能尚未被发现。通过对比压力测试结果与传统 VaR 值，就可以大致了解投资组合中特殊风险 RNIV 的大小。对于流动性较差的股票，因数据缺失导致无法直接应用收益率序列计量风险，此类股票可考虑使用压力情景方法计量 RNIV。

$$RNIV = P\&L\ Impact\ (StressScenarioMove) \quad (3)$$

其中，P&L Impact（）计算压力情景下收益率的变化，StressScenario Move 可以是最大损失或者其他极端情景。此类 RNIV 的计算采用与 VaR 模型相同的时间长度。

四、新三板市场风险 RNIV 计量实例

由于新三板市场相对于主板、中小板、创业板、科创板等市场流动性较低，以 2019 年全年为统计区间，仅有约 45.74% 的新三板挂牌股票有二级市场成交数据，

这造成金融机构常用的以历史模拟法计量的 VaR 方法缺乏可用历史数据，而纳入流动性风险计量的 RNIV 框架可弥补上述 VaR 模型在新三板市场的应用缺陷。

基于对新三板市场流动性水平的衡量，全国股转公司与中证指数有限公司共同编制了“三板活跃指数”，其中样本空间以“挂牌以来有成交，并且审核区间内盘中交易天数不少于可交易天数的三分之一”为重要参考因素，结合日均成交金额、日均总市值综合选取样本股。借鉴其流动性考量因素，对于新三板股票可使用以下风险计量指标来衡量其流动性，如挂牌以来日期长度、非零成交天数、有成交日期占可交易日期的比例（以下简称交易日占比）、无流动性窗口长度（GAP）①、换手率、成交量、成交金额等指标交叉结合，作为流动性风险分类因子衡量新三板市场各股票的流动性。

（一）新三板流动性风险因子分析表现

新三板市场股票在挂牌时一般为竞价交易方式，其中精选层股票为连续竞价，基础层或创新层股票为集合竞价。当基础层或创新层挂牌公司有两家以上做市商提供做市报价服务，则可以转为做市交易方式。以做市交易股票为例，选择做市首日作为做市交易股票的统计区间起点，以 2020 年 3 月 31 日为统计区间终点，分析统计区间内新三板做市交易股票流动性特征（见表 1）。

表 1　统计区间内的新三板做市股票交易日占比分布

交易日占比	数量	占比
[0, 0.1]	97	14.67%
(0.1, 0.2]	98	14.83%
(0.2, 0.3]	62	9.38%
(0.3, 0.4]	77	11.65%
(0.4, 0.5]	70	10.59%
(0.5, 0.6]	68	10.29%
(0.6, 0.7]	56	8.47%
(0.7, 0.8]	58	8.77%
(0.8, 0.9]	44	6.66%
(0.9, 1]	31	4.69%

资料来源：中泰证券、Wind 资讯。

① 无流动性窗口长度是通过指定样本时间区间内有成交数据的日期间及当前基准日间最长交易日跨度来计算。

新三板做市交易股票的交易日占比分布较为均匀，但 GAP 在 90 日以上占比近半（见表 2），做市交易的股票流动性水平也参差不齐。从各流动性风险指标的描述性统计可以看出，各类流动性风险计量指标之间互相印证衡量的准确性，同时交叉使用也弥补了各自的计量不足，如表 3 所示。

表 2 统计区间内的新三板做市股票 GAP 分布

GAP	数量	占比
[0, 20]	95	14.37%
(20, 40]	92	13.92%
(40, 60]	77	11.65%
(60, 90]	85	12.86%
(90, 120]	76	11.50%
(120, 250]	154	23.30%
(250, ∞]	82	12.41%

资料来源：中泰证券、Wind 资讯。

表 3 统计区间内的新三板做市股票各流动性因子统计特征

指标	最小	最大	均值	标准差	峰度	偏度
交易日占比	0.0014	1	0.42	0.27	-1.06	0.27
GAP	0	931	122.74	132.67	9.23	2.58
日均成交额	3804.98	21183184.55	405699.33	1259836.65	133.01	10.00
日均换手率	0	0.59	0.06	0.08	11.07	2.88
日均成交量	1000.00	9498281.20	72837.39	399815.54	473.94	20.63

资料来源：中泰证券、Wind 资讯。

上述统计特征反映出部分新三板股票二级市场成交数据存在缺失，股票整体流动性较低，历史成交数据不足，导致无法使用基于历史模拟法的传统 VaR 模型计量其市场风险。因此，需要开发适用于新三板股票的市场风险计量方法，来弥补传统 VaR 算法未纳入流动性风险计量的缺陷。

（二）纳入流动性风险的新三板市场风险 RNIV 计量方法

以证券公司新三板做市持仓股票组合的市场风险计量为例，在 VaR 模型的基础上考虑流动性风险因子，构建 RNIV 风险计量模型。考虑到新三板部分股票成交数据较少，若以历史模拟法的 VaR 计算并不能客观地反映其真实风险水平。因此，根据各类流动性风险因子综合考量流动性水平，如交易日占比、做市以来交易日天数、GAP、成交量，以及其他流动性风险因子分类参数设置下，将新三板股票按流动性分为多组，结合 VaR 算法、RNIV 算法，衡量不同流动性水平下的新三板做市股票组合市场风险。

使用流动性风险因子分类后的新三板股票组合，根据不同流动性分类下的收益率序列，分别计量股票市场风险。流动性分类指标的参数设置，需要在金融机构全面风险管理的统一框架内执行，与整体风险偏好和风险容忍度要求一致。可将新三板做市持仓股票按流动性水平分为三大类，流动性较好的股票使用历史模拟方法计算 VaR，其他流动性水平的股票可细分居中和较差两类流动性风险类型，分别使用类 VaR 方法和压力测试 RNIV 算法计量市场风险。

对于流动性较好的新三板做市股票，可使用流动性分类因子指标设置“交易日占比 50% 以上、GAP 小于 30 天且做市以来交易日超过 30 天”进行分类，使用基于历史模拟法的 VaR 算法计量风险。若做市以来期限长度达不到历史模型 VaR 算法使用的历史数据窗口长度，可以做市指数收益率序列补充。由于个股涨跌幅度波动较大，VaR 方法在选择分位点时，也可考虑使用相邻顺序位平均值来合理降低 VaR 时间序列的波动性。

$$VaR_{1-\alpha} = -\sum_{i=1}^{n} V_i \times \left(\sum_{j=1}^{3} R_j\right)/3 \tag{4}$$

其中，R_2 = Percentile（VaRP&L），表示 VaR 历史收益率序列特定分位数 α 对应的数值。R_1 = $Percentile_{-1}$(VaRP&L)，R_3 = $Percentile_{+1}$(VaRP&L) 分别表示 VaR 收益率序列特定分位数 α 对应向前、向后一个顺序位的数值。V_i 表示个股 i 的持仓市值。

若个股自做市以来日期超过 60 天且最近 60 个交易日成交量为 0，我们认为此类股票流动性差，可使用压力测试 RNIV 算法计量市场风险，以持仓新三板做市股票市值的压力情景变化来计算可能的损失。压力情景 StressScenario Move 可设置为极端情景下做市持仓市值损失的百分比，在无杠杆时最大损失可达 100% 市值。

$$RNIV_{Stress} = V_i \times StressScenarioMove_i \tag{5}$$

除上述流动性指标参数范围外，可将新三板做市股票纳入流动性居中范围内，其交易日占比、GAP 指标达不到流动性较好的范围内，其历史收益率序列并不足够充分连续反映损益，但也不在流动性差范围内，最近 60 个成交日内有成交数据，可将此类历史收益率序列定义为 RNIVP&L。流动性居中的股票可参考类 VaR 方法中的独立计量算法，使用历史收益率序列的最大可能损失 Worst Case Loss（WCL）来计量风险。个股 i 的 RNIV 收益率序列 $RNIVP\&L_i$，使用历史时间区间内的最大跌幅 p_i，即 p_i 为 RNIVP&L$_i$ 时间序列的最小值。

$$p_i = \min(\text{RNIV P\&L}_i) \tag{6}$$

$$\text{RNIV}_{\text{WCL}} = \sum_{i=1}^{n} V_i \times p_i \tag{7}$$

在 RNIV 框架下，各类风险计量指标并不能直接简单加和来衡量整体风险水平，只有当有效的 RNIV 收益率序列可直接获得时，才可整合所有 RNIV 序列来计算风险资本准备金，否则需要使用其他方法来衡量 RNIV 所计量的风险因子。在上述 RNIV 框架下，可以将 VaR、RNIV_{WCL}和$\text{RNIV}_{\text{Stress}}$对应的风险资本准备金加总计量各流动水平下新三板股票组合的总量市场风险。

五、总结

本文借鉴了国际先进投行的风险管理经验，对市场风险计量提出了新的框架——RNIV。RNIV 是市场风险中不容忽视的重要组成部分，该框架可应用于新三板多个市场分层下流动性差异明显的特殊情景以及传统 VaR 模型未覆盖到的流动性风险等的补充计量。本文初步探索了将该方法在新三板市场流动性不足情景下的市场风险计量实践中的应用，以期为我国市场风险计量实践提供借鉴。

参考文献

[1] 李滨，王雯 . RNIV 概述及其风险计量应用初探 [J]. 企业界，2019 (12)：76 – 78.

[2] C Maheshwari，P Chandra. Risk Not in VaR：A Perspective with Some Practical Examples [EB/OL]. [2014 – 12 – 09]. http：//riskarticles. com/risk – not – in – var – a – perspective – with – some – practical – examples/.

[3] FSA. The prudential regime for trading activities [R]. London：FSA, 2010.

[4] FCA, Capital Requirements Directive Ⅳ Instrument [R]. London：FCA, 2013.

[5] PRA. Supervisory Statement：Market risk [R]. London：PRA, 2013.

[6] PRA. Supervisory Statement：Market risk [R]. London：PRA, 2016.

[7] PwC. Risks not inVaR (RNIV) and their role in market risk management [R]. 2020.

域外经验

医疗健康行业分析及对资本市场信息披露的启示

张　严*

摘　要： 由于医疗健康行业专业度高，资本市场允许未盈利企业上市，在持续监管及基本面判断方面给监管部门和投资者带来一定的难度。本文从医疗健康行业产业链格局及行业特点出发，分析各个细分领域的核心竞争优势、经营模式、业务方面的主要风险表现，并结合科创板已上市及入选新三板精选层的医疗健康企业披露信息，为资本市场上医疗健康领域的信息披露及持续监管提供一定参考建议。

关键词： 医疗健康行业　信息披露　科创板　新三板精选层　监管

医疗大健康关系到国计民生，从科创板一年来的表现及新三板精选层认购热情来看，投资者对医疗健康未来成长性的预期较高。本文以医疗健康行业为研究标的，分析其在科创板及新三板精选层的信息披露要点。

一、医疗健康行业发展概况

（一）医疗健康产业规模

医疗健康产业是指以医疗卫生和生物技术、生命科学为基础，以维护、改善和促进人民群众健康为目的，为社会公众提供与健康直接或者密切相关产品（货物和服务）的生活活动集合。大健康产业包含以药品、医疗器械及耗材为

* 张严，中信医疗基金投资副总裁，对外经济贸易大学金融学院高级研修班学员。

主体的医药产业；以医疗服务机构为主的医疗产业；以保健食品、健康产品为主的保健品产业；以健康体检评估、咨询康复为主的健康管理产业；以养老市场为主体的健康养老产业。结合科创板目前上市的医疗大健康上市公司主营业务情况，本文提到的健康产业主要是指以药品、医疗器械及耗材为主体的医药产业。

医疗健康行业深受政策环境、经济环境和社会环境的影响。2018 年，中国医药工业主营收入达到2.58 万亿元，健康医疗服务市场规模达到5.45 万亿元，总额达到8.03 万亿元。我国卫生总费用占 GDP 比重呈逐年上升趋势，2018 年卫生总费用占比为6.44%，远低于美日等发达国家10%以上的比重，仍有很大的增长空间。《健康中国2030 规划纲要》明确将发展健康产业作为健康中国建设五大任务之一，并提出将健康产业发展成为国民经济支柱性产业的战略目标。预计2020 年健康产业规模达到10 万亿元，2030 年健康产业市场规模将超过16 万亿元，约为2018 年健康产业市场规模的2.3 倍[①]。

（二）医疗健康产业驱动因素

中国医疗健康行业快速发展有多种因素，其中老龄化加速是长期也是最重要的驱动因素。根据国家统计局数据，截至2018 年底，我国65 岁及以上人口有1.58 亿人，占总人口的11.19%。有关专家预测，到2050 年中国老龄人口将达到总人口的三分之一。人口老龄化带来大量未被满足的健康需求，卫生部数据显示，60 岁以上老人慢性病患病率是全部人口患病率的3.2 倍，消耗的卫生资源是全部人口平均消耗卫生资源的1.9 倍。同时，我国居民收入水平不断提高，消费结构升级不断加快，人们对生活质量的要求日益提高，健康产业迎来了前所未有的机遇和广阔的发展前景。另外，科学技术的发展也是医疗健康行业的重要驱动因素，如基因编辑、细胞治疗、大数据、新疗法等科学技术的不断进步，使治愈癌症等重大疾病变成可能，给医疗健康产业带来新的市场机会。

2020 年初新冠肺炎疫情暴发以来，迅速在全球范围扩散。疫情发生后，医用口罩、医用防护服、核酸检测试剂盒、呼吸机等医疗防护用品和设备需求量激增，成为疫情防控的关键力量；各国更是在抗病毒药物和疫苗的研发上展开研发竞赛。医疗健康的重要性已经上升到国家战略的高度。习总书记强调，加

① 参见创业邦研究中心，2019 年中国医疗大健康产业研究报告。

强生命科学领域的基础研究和医疗健康关键核心技术突破，加快提高疾病防控和公共卫生领域战略科技力量和战略储备能力，加快补齐我国高端医疗设备短板，加快关键核心技术攻关，突破技术装备瓶颈，实现高端医疗设备自主可控。

（三）医疗健康产业未来发展趋势

1. 国家鼓励创新，有限的资源用在好产品上

中国药物研发已经完成从仿制药到仿创药的过渡，近年来国家出台一系列政策，建立和完善优先审评审批制度，加速创新药临床审批，提高上市审评效率。加速境外新药进入国内，增加国产创新药的竞争压力；国家医保通过带量采购压缩仿制药的开支，以此完成医保药品的“腾笼换鸟”。

2. 进口替代速度加快，孕育细分行业龙头

中国进口替代是未来十年医疗健康，尤其是医疗器械发展的主旋律，回溯已经实现进口替代的细分领域的成功经验，国产医疗设备已逐步突破多项技术壁垒，已经基本实现进口替代（国产占比超过 50%）的细分领域包括：（1）植入性耗材中的心血管支架、心脏封堵器、人工脑膜、骨科植入物中的创伤类及脊柱类产品等；（2）大中型医疗设备中的监护仪、DR 等；（3）体外诊断领域的生化诊断；（4）家用医疗器械中的制氧机、血压计等①。随着技术发展、资本的支持，会有更多的医疗器械突破核心技术，实现进口替代。

3. 新技术跨领域应用促进医疗效率提升、模式重塑

新技术、资本、政策等变化加速了医疗健康产业的变革，产业的结构、服务模式、服务场景有所变化，促进了产业的融合。例如，“互联网 + 医疗”形成线上问诊、线上随访、互联网医院的模式；AI 和影像技术的结合催生了一系列医疗人工智能公司诞生，远程阅片、智能诊断等服务出现；AI 和新药研发结合提高了新药研发的效率，加快了药物的发现过程，疾病有可能早日攻克。

二、医疗健康产业链分析

医疗健康产业链长且专业性强，主要包括原料、研发生产、流通和使用四个环节，见图 1②。涉及药物、医疗器械、生物技术、医疗服务等主要的细分领域。从原料来看，中间体、原料药等污染大、附加值低，同时包含药物制造的

① 参见兴业证券医药团队，医疗器械进口替代是未来十年主旋律。

② 参见创业邦研究中心，2019 年中国医疗大健康产业研究报告.

器械、配件等，这个环节中国内主要是中低端产品，高端的制造设备需要从欧美或者日韩进口。研发生产环节，主要分为化学药、生物药、生物技术、疫苗、血液制品等，也是医疗健康产业的核心组成部分，同时包含医疗设备、耗材、体外诊断等细分领域。医疗流通环节涉及线上、线下等方式。医疗服务主要包括营利及非营利性质的各种不同业态服务机构，如综合医院、专科医院、康复机构、第三方诊所等。另外，外包服务也是近年来发展非常迅速的行业，得益于行业分工更细、专业的人干专业的事，创新药的发展带动医药 CRO 订单激增、产业更加完备，也催生了多个大市值上市公司。

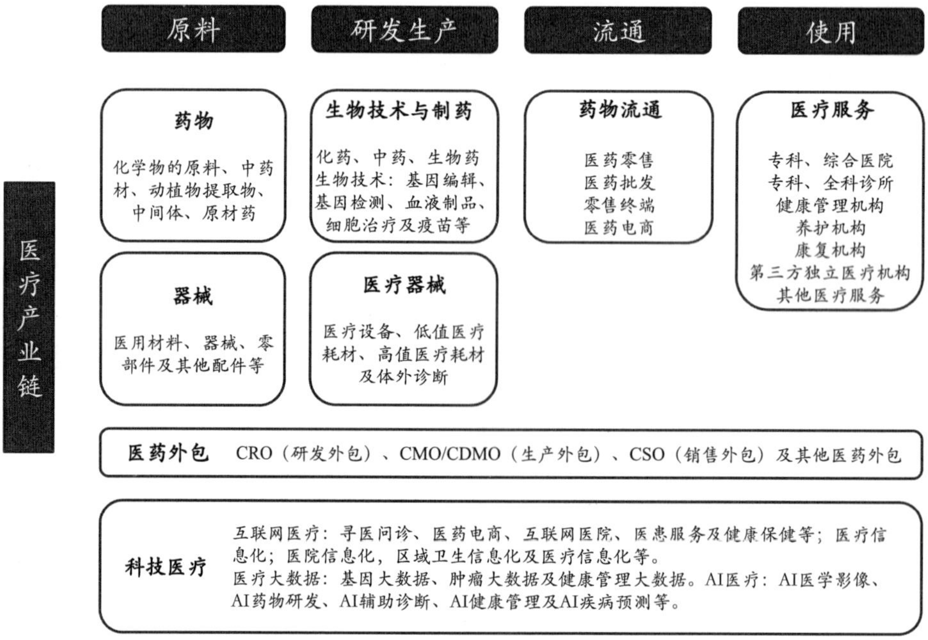

图 1　医疗健康产业链

医疗健康类上市公司主要集中在生物技术与制药、医疗器械、医药外包三个细分领域，本文重点就以上三个领域，结合笔者在医疗健康实业及一级市场投资的经验，总结上述细分领域的核心竞争优势，从而为医疗行业在资本市场，尤其是科创板、新三板精选层信息披露及投资判断提供参考。

（一）生物技术与制药行业核心竞争要素

生物技术与制药领域主要包括化学药物、生物药、基因检测、血液制品、疫苗、细胞治疗等领域。由于技术、专利、人才、准入壁垒高，核心竞争力主要集中在以下几个方面。

1. 稳定持续推出新产品的能力

我国医药企业经历了从仿制到仿创再到创新的三个阶段，目前随着中美在高科技领域的竞争，从中国制造转向中国创新，从核心技术依赖转向掌握核心技术的历史时期。创新药开发风险高、耗时长、投入大。同时，创新药研发各个阶段成功率的差异与适应症、企业在相关方向的前期积累密切相关。随着资本的介入，热门靶点扎堆研发导致竞争更加激烈。因此，对于创新药企业来说，需要构建具有梯度的产品管线，能够持续推出新的品种，这是企业实现长久可预见发展的关键。为了平行推进多个管线从而分散研发风险，就需要足够体量的产品管线覆盖，相当金额的研发费用投入①。

同时，创新药研发竞争日趋激烈，只有最稀缺的创新好药，才能拥有最强的议价能力，并在最大限度上保障品种的盈利空间，因此除了研发管线丰富以外，还需具有竞争力的品类，如果仅是竞争激烈的红海靶点，则整体价值需要全面评估。

2. 专利布局

创新药以及创新器械的核心就是专利，原研药的专利悬崖现象促成了不少仿制药巨头的诞生。国外大的药企和 Biotech 公司，强大的专利布局是企业的核心壁垒之一。除了自主创新模式外，越来越多的创新药企业开始从国际现成的专利中以 License in 的方式引进国内，获得中国或者亚洲权益。一旦侵犯他人专利，公司很可能陷入烦琐的专利纠纷流程，赔偿巨大。因此，创新药企业在产品获得批件后，要想在大的市场中成为重磅产品，需要拥有良好的疗效和专利保护等壁垒确保良好的竞争格局。因此，专利的独立性、完备性以及是否进行合理的法律保护，也是核心的竞争要素。

3. 市场准入及营销体系

医药的主要支付方为我国医保，国内商业保险尚未成熟，这也是我国医药市场和美国最大的不同之一。这种格局决定了医药是强政府监管、受政策影响较大的行业。随着 2019 年开始的一轮轮集采招标、医保目录的更替，使传统药企面临行业的整合。创新药企业有可能在获证后就面临激烈的市场竞争，提前进行药物经济学研究、确保市场准入及时，后续精准的患者人群、高效的学术推广将成为创新药企业成功的基础。

---

① 参见申港证券医药团队，从风险识别出发挖掘创新药投资机遇。

（二）医疗器械行业核心竞争要素

医疗器械是指直接或间接用于人体的仪器、设备、体外试剂、材料和其他物品等。一般将医疗器械细分市场分为高值医用耗材、低值医用耗材、医疗设备和体外诊断。医疗器械本质是高端制造业，是多个学科的融合，往往涉及材料学、化学、光学、电学、生物学等学科。由于应用到临床实践中，安全性和可靠性是首要的因素，其次要解决实际的临床需求，符合卫生工作者的使用习惯。其核心竞争力表现在以下几个方面。

1. 拳头产品的市场潜在规模和技术壁垒

医疗器械品类繁杂，大到价值数千万元的高端影像设备、手术机器人，小到价值几元的低值耗材，如注射器、棉球纱布。除了个别大品类以外，大部分医疗器械单个产品的市场规模有限，天花板较明显，加上医疗的地域性特征，导致企业的营收水平较低，较难形成具备上市标准且未来发展潜力大的公司。因此，企业需要在市场潜力大、患者基数高的细分领域进行布局，同时具备该领域的主流产品。从中小板和创业板的医疗器械公司来看，集中在心脑血管、骨科、体外诊断等大赛道，如乐普是从心脏支架起家，迈瑞布局体外诊断、监护设备、生命支持体系等产品管线。从拳头产品来看，上市公司均占据其细分领域附加值高的主流产品，如开立医疗的 B 超等诊断设备在国内市场份额较高，安图生物的生化诊断、化学发光均处于国产企业细分行业前三。目前，科创板上市的医疗设备类型公司，也具有大市场中的大产品特点，如南京微创是微创外科的细分龙头，其消化道微创介入耗材是市场份额国产第一，赛诺生物的金属支架也是心脑血管领域的主流产品，占据一定的市场份额。

除了选择大赛道中的主流产品外，技术壁垒也是主要的竞争优势。医疗器械的研发需要多学科交叉，技术壁垒高。20 年前，大部分医疗设备和高值耗材都被进口产品垄断，我国只能生产附加值低的低值耗材。随着我国制造业的发展，基础的材料学、电子学、光学技术提升，逐步掌握核心技术，也涌现了一批优秀的上市公司。值得注意的是，医疗器械的技术壁垒不仅来自研发设计，更多的是来自供应链体系、生产制造过程中工艺的 Knowhow，也是企业长期积累的核心优势。

2. 安全可靠的质量控制体系及高效的注册获证能力

医疗器械事关生命安全，一直以来都是社会各界关注的焦点，也是国家管控的重点领域。近几年，国家对于医疗器械行业质量监管更加严格，尤其是拿证后的飞行检查，日常的质量监督管理常态化，一旦出现安全事故或质量体系不符合要求，企业会面临停产整改的风险，更严重的是企业负责人需要承担法律责任。医疗器械的主要客户群体是医院医生，关系到患者的生命安全，如果出现质量问题，产品在客户心中往往很难获得第二次机会。因此，安全可靠的产品和稳定的质量体系是企业的生命线。同时，2014 年出台的新《医疗器械管理条例》，标志着监管更加严格，医疗器械获得注册证的难度提高，三类产品所需要的临床实验及注册时间和花费增加。

3. 具有竞争力的营销体系的建立

医疗器械的商业模式以代理销售为主，具有明显的区域特点，需要经历招标、进院、学术推广、技术支持、销售等多个环节。加上近期国家推行的两票制和带量采购，医疗政策的影响将重塑企业的营销方式，灵活应对外部的变化，推动产品和解决方案的销售，是医疗器械企业生存的必备素质。科创板医疗器械企业的招股说明书均提到受政策影响、采购降价、销售不及预期的风险。

（三）医药外包行业核心竞争要素

医药外包行业又称 CXO 行业，包括 CRO/CMO/CDMO，即合同研发服务组织、合同生产业务组织、合同研发与生产业务组织，通过合同外包形式，接受制药企业或者生物科技公司委托，在药物研发过程中提供专业化研发服务，提供产品生产时所需要的工艺开发、原料药及中间体的生产、制剂生产等。国内 CXO 在医药产业链的位置类似“卖水者”角色①。其核心的竞争力表现在以下方面。

1. 核心竞争是人才管理能力

CRO 可以分为临床前 CRO 和临床 CRO 两大类。临床前 CRO 业务主要针对药物临床前研究阶段，包括靶点确定、先导化合物的发现与优化、候选药物的确定、动物试验等。临床 CRO 主要是针对药物临床试验阶段，国内从事临床 CRO 业务的 A 股公司包括泰格医药、博济医药等。国内从事 CDMO/CMO 业务的 A 股公司有药明康德、凯莱英、博腾股份等以及部分原料药企业。从 CRO 的业务能看出来，均属于知识密集型行业，对人员知识能力要求极高且服务非

① 因为只是研发服务外包，前期没有研发的风险，不管成不成功都有服务费，开发风险由上游的药企承担。

标化，研发人员需要具有化学、医学、药学、生物统计学等专业知识。企业一方面需要吸纳国内外尖端技术人才，拓展服务的领域，为客户提供服务；同时，还要建立有效的人才管理体系，在保证项目质量的情况下，提高人均产值，提供高附加值服务。随着信息化技术的发展，借助工具提高工作效率，优化人才的管理，进一步提高人均产出。

2. 规模化效应日益凸显

随着行业的发展，头部 CRO 公司凭借着管理优势作出了规模优势，利用规模优势进行产业整合纵向扩张，建立一站式的全产业链 CRO 乃至 CMO 的服务。一站式服务解决方案本质上是垄断客户资源，把客户价值发挥到最大，反过来强化头部的竞争优势，强者恒强，前期环节优势越大的客户截留效果越强，行业集中度越来越高。这就要求企业在某个环节具有相对技术优势，在早期能够留住客户，挖掘客户价值。

3. 把握核心大客户是生存的重要基础

CRO 企业是为药企尤其是创新药企业提供服务，本质是服务行业，最近几年，我国 CRO 行业整体的发展都会比全球发展快很多，这是基于中国整体的研发投入，整个医药行业的增速，都远远高于全球平均的水平，所以在研发领域的投入也是远远高于全球平均的水平。持续服务国内外头部客户成为企业核心壁垒之一。例如，CRO 行业龙头药明康德，2019 年活跃客户超过 3900 家，超过七成客户来自海外，医药巨头均为其客户，如辉瑞、默沙东、礼来、恒瑞等。

三、医疗健康行业的监管体系和主要政策

国家药品监督管理局是我国医药行业的行政主管部门，负责对全国医药市场进行监督管理。各省、自治区、直辖市人民政府药品监督管理部门负责本行政区域内的药品监督管理工作。与此同时，国家卫生健康委员会、国家中医药管理局、国家发展和改革委员会、国家医疗保障局、生态环境部、工业和信息化部等多个部门与国家药监局共同对医药行业进行监督和管理。根据 2018 年《中共中央关于深化党和国家机构改革的决定》和《深化党和国家机构改革方案》的要求，新组建了国家药品监督管理局、国家卫生健康委员会、国家医疗保障局和生态环境部等，在医药领域新组建的部门分别承接了原国家食品药品监督管理总局、原国家卫生和计划生育委员会、人力资源和社会保障部及原环

境保护部有关医药的对应监督管理职能。

国家制定了严格的法律法规对医药行业予以规范，主要法律法规体系包括三个层面：其一，由全国人民代表大会常务委员会审议通过并实施的法律，主要包括《中华人民共和国药品管理法》《中华人民共和国中医药法》；其二，由国务院颁布实施的行政法规，主要包括《中华人民共和国药品管理法实施条例》《中药品种保护条例》等；其三，由国家药监局等制定的部门规章，主要包括《药品注册管理办法》《处方药与非处方药分类管理办法（试行）》《药品生产监督管理办法》《药品生产质量管理规范》《药品生产质量管理规范认证管理办法》等。

我国医药行业的监管主要包括药品生产许可制度、药品生产质量管理制度、药品经营许可制度、药品经营质量管理制度、新药证书和药品批准文号等制度①。

四、科创板及新三板精选层医疗健康公司特点分析

据上交所科创板官网披露，截至2020年6月12日，科创板共受理申请上市企业337家，注册生效企业达129家，其中在生物医药板块申请上市的企业共计63家（不包括已终止申请上市公司），注册生效达28家，其中多以医药制造业、研究和试验发展（主要是指CRO企业）、专用设备制造业（主要是指医疗器械设备）三大业务类型企业递交上市申请书。从已上市公司的所属行业来看，医疗健康占到前三位，是重要的组成部分。已完成科创板上市的25家生物科技公司，IPO募资总额达209.65亿元。其中，融资金额排在前5位的依次是华熙生物（31.54亿元）、泽璟生物（23.84亿元）、百奥泰（20亿元）、昊海生科（14.84亿元）和海尔生物（10.00亿元）。从上市规则来看，在已完成上市的25家公司中，有21家公司以科创板第1套上市标准申请上市，仅特宝生物以科创板第2套标准申请上市，仅赛诺医疗以科创板第3套标准申请上市，而泽璟生物、百奥泰作为具有核心技术却尚未实现盈利的生物技术公司，选择以科创板第5套标准申请上市②。

截至2020年7月底，13家新三板医药公司拟在精选层挂牌，森萱医药、

① 参见2019年我国医药行业主管部门、监管体制及行业主要法规政策，中国报告网。
② 科创板运行1周年！25家生物科技公司成功上市，5家市值超200亿元，医药魔方。

大唐药业等5家企业首批入选精选层，涉及原料药、动物疫苗、医疗器械等细分领域，首批5家企业2019年平均收入3.8亿元，平均净利润超过7000万元。其中，生物谷收入超过5亿元，净利润超过9000万元。

五、医疗健康上市公司风险提示分析

笔者汇总了截至2019年6月12日科创板已经注册生效的28家医疗健康上市公司招股说明书中的风险因素章节，以及首批新三板精选层5家医疗健康挂牌公司的风险提示，选取技术风险和经营风险细则，同时结合证监会对发行人和保荐机构的问询回复函内容，发现技术风险主要集中在以下几个方面。

1. 新产品研发风险

在新产品研发过程中可能面临因研发技术路线出现偏差、研发成本投入过高、研发进程缓慢而导致研发失败的风险。创新药开发风险大、耗时长、投入大的特点始终没有改变。

2. 注册获证风险

无论创新药还是医疗器械，注册审批都是关键环节，需要投入巨大的人力、财力和时间，且拿证过程中不可控的因素较多，如医院的配合度、政策的变化等，存在产品注册无法完成或进度缓慢、偏离市场需求等风险。对于需要在海外获得审批的产品，各个国家注册和监管法规处于不断调整过程中，存在未来个别产品不能及时注册或满足新监管要求的可能性，导致相关产品不能上市销售的风险。

3. 核心技术人员流失

核心技术人员的流失可能导致公司新产品技术的流失、研究开发进程放缓或暂时停顿，进而影响研发企业正常经营发展的风险。新药研发、医疗器械和CXO行业是知识和技术密集型行业，核心技术人员往往掌握企业的核心命脉，加上中国近几年医疗健康领域发展迅速、资本活跃、员工离职成本低，核心技术人员面临外部竞争对手的挖掘，容易导致人员流失。

运营风险主要集中在政策监管变化、带量采购等带来的价格下降、产品质量风险、原材料供应商风险。

1. 政策监管变化

新冠肺炎疫情以来，国家医保压力巨大，带量采购的力度加大、速度加快，仿制药面临一致性评价是否通过、能否进入医保集采目录的巨大风险，高值耗材也面临新一波带量采购的市场格局巨大变化。另外，创新药和生物技术发展日新月异，在产品审批等方面调整变化较快，还有部分领域并没有非常明确的审批制度，给企业造成一定的风险。

2. 产品质量风险

无论药品、医疗器械或者体外诊断试剂作为直接作用人体的产品，质量的好坏直接关系到医疗诊断的准确性和临床疗效，因此其质量尤其重要。2018 年的长春长生疫苗事件再次敲响了医疗健康行业质量的警钟。产品质量是体系化工程，从研发设计、生产制造、出厂前检验、定期抽检等各个环节均需要管理层高度重视，执行层有专业人员进行落实监督。

3. 原材料供应商风险

由于国际形势紧张，疫情加重了世界各国的割裂，我国医药健康领域核心原材料往往从欧美进口，国内抑或质量不达标，或者没有相应产品，也是医药健康领域卡脖子领域。因此，企业需要丰富供应商体系，具备多套解决方案，应对未来不可控因素的影响。

六、对医疗健康上市企业信息披露的启示

（一）科创板信息披露特点

科创板在企业上市、发行、交易等多项制度上都取得了较大突破和根本性变革。相较于主板上市规则，科创板上市规则在章节上做了优化调整，“信息披露一般规定”章节按照信息披露基本原则、信息披露一般要求、信息披露监管方式和信息披露管理制度的顺序，从四个方面确立并突出了信息披露为核心的基本原则和监管理念。

科创板新增了行业信息披露、分阶段披露、调整适用的要求。关于行业信息，上市公司应当主动披露对股份交易价格或者投资者决策有重大影响的行业信息。包括以下方面。

（1）所处行业的基本特点、主要技术门槛，报告期内新技术、新产业、新业态、新模式的发展情况和未来发展趋势。

（2）核心竞争优势，核心经营团队和技术团队的竞争力分析，以及报告期内获得相关权利证书或者批准文件的核心技术储备。

（3）当期研发支出金额及占销售收入的比例、研发支出的构成项目、费用化及资本化的金额及比重。

(4) 在研产品或项目的进展或阶段性成果；研发项目预计总投资规模、应用前景以及可能存在的重大风险。

(5) 其他有助于投资者决策的行业信息。

对于尚未盈利的上市公司，应当在年度报告显著位置披露公司核心竞争力和经营活动面临的重大风险。上市公司应当结合行业特点，充分披露尚未盈利的原因，以及对公司现金流、业务拓展、人才吸引、团队稳定性、研发投入、战略性投入、生产经营可持续性等方面的影响 。

由此可见，科创板上市规则突出了以信息披露为中心的监管理念，增加了信息披露弹性。

(二) 新三板精选层信息披露特点

新三板分层是基于差异化的信息披露要求及监管要求而划分的。7 月 22 日，全国股转公司发布《关于做好挂牌公司 2020 年半年度报告披露相关工作的通知》时表示，鉴于精选层公司已实行公开发行，对其半年报披露的监管要求，总体是对标上市公司，半年报的披露内容将更加全面和详细。例如，要求披露尚未盈利或存在累计未弥补亏损的风险、特别表决权股份相关安排可能产生的风险；要披露核心竞争力变化等重要经营情况；要求额外披露比较式所有者权益（股东权益）变动表等。当日，证监会发布了《非上市公众公司监管指引第 5 号——精选层挂牌公司持续监管指引》（以下简称《监管指引》）及五项挂牌公司定期报告格式准则，自发布之日起实施。《监管指引》包括信息披露，公司治理，控股股东及实际控制人行为规范，关联交易、对外担保及其他管理制度，股份减持，监督管理和附则七部分内容①。

由此可见，对新三板精选层的监管主要向主板上市公司看齐，作为其候选企业，主要体现在财务、市值和合规等方面加强监管和引导，让精选层企业在合规经营的前提下，保持持续盈利能力。

(三) 对资本市场医疗健康上市企业信息披露的启示

结合科创板及新三板精选层披露要求，以及医疗健康行业各细分领域的行业特点，我们将信息披露的内容进行细化，从而能够客观、真实地反映企业的竞争力，为投资者提供有价值的决策信息。

---

① 参见证券日报，新三板精选层“周一见”信披监管对标上市公司。

1. 技术风险方面的披露要点

针对生物技术与制药行业，尤其是创新药行业，重点披露所处细分领域的主流靶点最新学术进展、国内外主流技术、技术发展趋势、国内外支付体系带来的市场格局变化，从而判断公司产品管线是否在短期、中期、长期分别具有竞争力。医疗器械企业重点披露产品解决的主要临床问题，与现有解决方案的优劣势，核心技术或配件是自主研发还是外部采购。

关于核心人员问题，重点披露核心人员过往履历、过往研发成果、参与的主要工作、在标的公司投入的真实时间和精力、核心人员的中长期激励计划，以及在研发重要节点的团队架构是否齐备。管理团队的风格，是否能够整合资源，吸引优秀人才持续服务公司。

关于在研产品管线和项目进展，需要定期披露产品的阶段性进展，如果发现研发受阻或者出现不可控风险，应及时披露结果，同时做好各项研发支出的预算以及实际花费金额披露。

2. 运营风险方面的披露要点

关于医药和器械的带量采购政策，需要披露公司在进入集采目录或没有进集采目录情况下的销售策略以及对应的财务预测。细分赛道玩家的优劣势比较，为投资者展示整个市场竞争格局。

产品质量方面需要披露过往公司或有的质量相关事件以及后续的整改措施，披露生产流程和质控体系，以及产品上市后的质量控制体系。

关于原材料供应，企业需要披露核心原材料的采购渠道，尤其是从欧美等国际形势紧张的区域，国内又没有替代产品的领域，需要企业提出备选方案，现有储备能够支持的产能，原材料逐步替换的时间节奏，从而应对原材料采购受阻的或有风险。

做市商流动性供给与股票市场质量

——基于纽约证券交易所的实证研究

Hendrik Bessembinder*

摘　要：我们利用纽约证券交易所（NYSE）的指定做市商（DMM）合约义务的不连续性来研究更具约束力的DMM义务与市场质量的因果关系。我们发现，更严格的做市要求与市场深度增加、买卖差价缩小、公司价值增加和价格效率提高存在相关性，并且有证据表明，通过委托一个或多个参与者提供流动性可以更好地发挥市场功能。

关键词：指定做市商　市场质量　流动性

一、介绍

股票和期货合约的大多数交易发生在电子限价订单市场上。这些市场的主要特点是，任何参与者都可以选择通过发布限价订单来提供有效流动性。但许多交易所都在考虑采用“指定做市商”（DMM）机制，以期为市场提供更多流动性。Bessembinder、Hao和Zheng（2015）指出，这种“指定做市商”（DMM）合约可以降低由于信息不对称造成的无谓成本，进而提高市场价值发现功能；Venkataraman和Waisburd（2007）指出，指定做市商可以改善以有限数量投资者为特征的市场中的风险分担状况。在宣布将针对一些欧洲市场的精

---

* Hendrik Bessembinder，美国亚利桑那州立大学教授。原文*Liquidity Provision Contracts and Market Quality: Evidence from the New York Stock Exchange*发表于国际核心期刊*The Reviews of Financial Studies*。经作者授权，我们对部分进行概述性翻译。翻译：原野，全国股转公司研究规划部（创新实验室）经理。

选股票推出指定做市商机制之后，相关文献记录了与理论一致的积极的市场反应。

通过研究纽交所（NYSE）指定做市商制度，有助于我们了解指定做市商的合约义务如何影响公司价值和市场质量。纽交所指定做市商机制于 2008 年施行，取代了数十年来一直使用的特许交易商制。纽交所为每只特定股票选择一家公司作为指定做市商。与之前采用指定做市商合约、研究选定公司的内生性的论文相比，我们利用普遍存在的纽交所指定做市商合约义务的不连续性，来研究指定做市商的合约义务对市场质量和公司价值的外生性影响。尤其是，纽交所合约要求指定做市商在交易日内部分时间维持竞争性报价，该时间比例具体取决于上个月的交易量：对于上个月的平均综合日交易量少于 100 万股的证券，指定做市商必须在交易日的至少 15% 的交易时间内维持全国最优报价（NBBO）的水平；对于大于 100 万股的证券，指定做市商至少在交易日 10% 的交易时间内维持 NBBO 的价格水平。

指定做市商针对不同流动性的股票具有不同的义务要求，该义务的履行程度取决于市场结果，而不是由相关公司或交易所来决定，这种义务的不连续性为我们提供了研究指定做市商的义务与市场质量的因果关系的机会。我们采用断点回归来评估由于指定做市商的合约义务变更而引起的市场深度、报价和有效买卖价差、价格改善率、公司价值和价格效率的变化。断点回归的一个主要优点是，它专注于每天交易量刚好高于和低于 100 万股阈值的相似交易量的公司的市场结果变化，以隔离合同义务变更的影响。

Clark Joseph、Ye 和 Zi（2016）已经提供了关于纽交所指定做市商制度的影响流动性的证据。在 2015 年 7 月 8 日，纽约证交所因技术故障被迫停止交易，他们研究发现，这导致在非纽交所市场交易的纽交所上市公司买卖价差扩大。而价差扩大是由于纽交所指定做市商撤出市场，因为指定做市商在收盘前持有股份较多的股票平均价差增幅更大。但是，它们的证据是间接的，并不能完全排除价差的扩大源于纽交所，而不是指定做市商的义务本身。例如，纽交所是那些受影响证券的上市交易场所，而大多数价格形成过程都发生在纽交所（Hasbrouck，1995）。此外，部分市场参与者将它们的交易系统设置在与纽交所服务器地理上更接近的地方，所以当纽交所停止交易时，这些位置选择可能会影响市场质量。我们采用的断点回归设计，排除了纽交所交易系统关闭的潜在干扰，直接评估了纽交所做市商义务的外在变化（取决于指定做市商或交易所的决定）对流动性的影响。

研究结果表明，当指定做市商的义务更具约束力时，流动性得到了改善：报价的买卖价差和有效的买卖价差（允许以除最优报价以外的价格执行交易）均大大降低。同时，价格改善率（以比最佳报价更好的价格执行交易）也有提高。此外，在指定做市商的义务更具约束力的月份中，我们发现了受影响股票的正向的异常收益。最后，我们还证明市场质量得到了改善，因为当指定做市商义务更具约束力时，报价的中点变化更符合随机游走标准。

为排除此处获得的经验结果是由于研究设计中的固有偏差，我们进行了以平均日交易量为50万股和150万股为断点的反事实安慰剂测试，而不是以事实中的100万股为断点。安慰剂测试显示，我们考虑的市场质量参数的估计量在统计学意义上不显著。

上述结果是指定做市商义务的外在变化与流动性、市场质量的改善相关的有力证据。因此，本研究支持了Clark-Joseph、Ye和Zi（2016）对他们的经验结果的解释，并且更广泛地证明指定做市商合约可以改善市场质量并提高市场价值发现功能。

纽交所规则104规定，指定做市商应“在合理可行的范围内协助维持公平有序的市场”。但是，就切实义务而言，规则104仅要求指定做市商在每个交易日的规定时间维持与最优报价相匹配的订单。该规则不要求指定做市商通过改善最优报价来缩小买卖差价或在最优报价内执行交易。该规则也未规定指定做市商必须申报的股票最低数量。这表明，与指定做市商义务相关的买卖价差缩小、市场深度增加、价格改善率提高等现象，不是更严格的指定做市商义务要求的直接结果。

通过研究在纽交所完成的交易结果，我们进一步探究了更严格的指定做市商合约中，做市义务与市场质量改善的关联机制。令人惊讶的是，我们发现：纽交所上市股票在纽交所以外的市场也出现了更高的价格改善率和更低的有效价差。该结果表明，更严格的纽交所指定做市商义务促使其他市场参与者从纽交所（以更大的深度和更好的价格形式）获得更多的流动性。O'Hara和Ye（2011）提供的证据表明，在纽交所上市的证券交易中，看似零散的市场在许多方面表现为“具有多个入口点的单一虚拟市场”。我们的研究结果支持这种解释，因为它们显示，在纽交所更激进的指定做市商报价也导致纽交所以外的更激进的订单提交。这些结果很重要，能为研究证券市场均衡模型的人提供指导。特别是它们表明了，即使只在交易日的一部分时间内存在对指定做市商的义务要求，也会改变其他市场参与者的订单提交策略，从而改变市场均衡。

指定做市商义务对市场质量的影响，对设计和监管金融市场的人而言具有启发性。尽管任何市场参与者都可以选择在电子限价订单市场上提供流动性，但实际上，大多数流动性是由高频交易公司提供的。在没有指定做市商合约的情况下，高频交易公司可以在市场不确定性较高的时段停止提供流动性。例如，Arnuk、Saluzzi 和 Leuchtkafer（2011）称，许多高频交易公司在 2010 年 5 月美国股票市场暴跌期间，将它们的算法交易程序关闭了。该证据有助于人们理解指定做市商合约如何补充内源流动性，以改善金融市场的功能。

二、断点回归研究设计

为了研究纽交所指定做市商义务对市场质量的影响，本文应用断点回归方法，重点关注上月平均每日交易量为 100 万股的股票上，指定做市商义务的离散变化。断点回归（RDD）是一种准实验方法，具有以下特征：接受处理（Treatment）的可能性根据一个或多个基础变量的变化而连续变化（Hahn、Todd 和 van der Klaauw，2001；Cameron 和 Trivedi，2005）。近年来，RDD 方法已被经济学和金融学研究广泛采用。

在本研究中，一个日历月内平均每日交易量不到 100 万股的股票为处理组，对应更具约束力的指定做市商义务，即指定做市商需要在一天中至少 15% 的交易时间维持 NBBO 的报价。交易量刚超过 100 万股的股票，对应控制组，即前述时间比例只需 10%。由于将股票的平均每日交易量和阈值之间的距离映射到处理效果的函数是不连续的，因此我们的研究设计适合断点回归的研究范式。

本文的处理变量是一个更高义务要求的指示变量：

$$DMM_{i,t} = \begin{cases} 1 & if\ Vol_{i,t-1} - VT < 0 \\ 0 & if\ Vol_{i,t-1} - VT \geqslant 0 \end{cases} \tag{1}$$

其中，i 和 t 代表公司以及时间，$Vol_{i,t-1}$是上一个月平均每天的交易量，VT 是处理量的阈值（100 万股）。因此，当上个月股票的平均每日交易量超过此指定阈值时，指定做市商义务在当月发生变化。新的指定做市商义务将一直有效，直到一个月的平均每日交易量再次穿过阈值为止。

根据 Imbens 和 Lemieux（2008），我们估计以下面板回归模型

$$y_{i,t}=\alpha+\beta_0 DMM_{i,t}+[\beta_1\times\ln(Vol_{i,t-1})-\ln(Vt)]+ \\ [\beta_2\times\ln(Vol_{i,t-1})-\ln(VT)]\times DMM_{i,t}+\eta_i+v_t+\varepsilon_{i,t} \qquad (2)$$

$y_{i,t}$是衡量市场质量，公司价值或价格效率的指标，而 $DMM_{i,t}$是指示变量，如果股票 i 的指定做市商具有更多的最小报价时间义务，则该变量等于 1，否则为零，$Vol_{i,t-1}$是前一个交易日的平均综合（跨市场）日交易量，VT 是一个日历月内平均每日综合交易量的 100 万股的阈值，η_i 是公司 i 的哑变量，以考虑到公司的固定效应，v_t 是年份的哑变量，考虑了时间的固定效应，$\varepsilon_{i,t}$是误差项。我们关注的参数是β_0，它测量了那些更强约束力的指定做市商义务对市场的影响。

等式（1）中的非线性关系使我们能够确定处理效应。这就是说，即使 $\varepsilon_{i,t}$ 与 ln（$Vol_{i,t-1}$）－ln（VT）相关，只要 $\varepsilon_{i,t}$展现出的不连续性与 $DMM_{i,t}$不同，对 β0 的估计就是无偏的。RDD 的原理表明，断点以下和上方的观测值可以直接比较以推断处理效果。如果可以将一个月内股票的平均每日交易量视为在阈值以下或之上的随机分配，则该设计有效。RDD 的一个关键特征是，如果个人无法精确地操纵分配变量，则阈值附近的处理变化将被随机化，就像来自随机实验一样。正如 Lee 和 Lemieux（2010）强调的那样，这种有效的随机化将 RDD 与工具变量法或匹配样本法区分开来，后者的隐含假设可能难以证明其合理性。

此外，如 McCrary（2008）所述，验证 RDD 方法所需的关键假设（高于或低于临界值的结果随机发生）可以进行检验。如果针对每个个体的处理变量的密度是连续的，那么整体中处理变量的边际密度也应该是连续的。处理变量的密度在阈值处的跳跃将提供内生性的证据，并使 RDD 设计的适当性无效。

根据我们的研究，如果指定做市商或上市公司可以通过更改综合交易量来精确地操纵处理变量，则不会得出有效的推论。为了验证 RDD 在我们的应用中提供了有效的推论，我们执行了 McCrary（2008）的密度不连续性测试，以

验证总交易量的密度在阈值处是连续的。结果表明阈值处没有任何不连续性，RDD 设计有效。此外，我们通过 RDD 进行每日 50 万股和 150 万股的交易量限制的估计（区别于事实），从而进行安慰剂测试。安慰剂试验均未显示出与事实相反的有效阈值。

为了确定更有约束力的指定做市商义务的影响，我们在交易量接近不连续点的当天的观察值上估计方程式（2）。实施 RDD 设计时，一个关键的研究设计问题是“带宽”的选择，即用于估计模型参数的阈值附近的成交量范围。带宽越小，隐含的假设越准确，即上市公司的股票被随机分配到百万阈值的任一侧。但是，由于样本量较小，统计能力会随着带宽的减小而降低。我们使用 Imbens 和 Kalyanaraman（2012）提出的算法评估最佳带宽。

我们的样本取自交易报价（TAQ）数据库，观察时间范围为 2009 年 9 月至 2013 年 12 月。纽约证券交易所 Rule 104（于 2008 年 10 月生效）规定了指定做市商义务。自 2009 年 8 月 31 日起，纽交所对规则 104（a）（1）进行了修改，针对低流动性的股票，指定做市商维持 NBBO 的时间从 10% 增至 15%，针对高流动性的股票，指定做市商维持 NBBO 的时间从 5% 增至 10%。我们的样本起始期从 2009 年 9 月 1 日开始，样本包括所有在纽约证券交易所上市的普通股，其平均每日综合交易量至少一个样本月小于和大于 100 万个份额阈值。共有 756 只股票满足此条件。

表 1 提供了样本的描述性统计信息。由于这些统计信息取决于带宽，我们提供了几种带宽的结果（“无带宽”列包括所有交易日）。带宽选择所涉及的权衡很容易观察到。在没有带宽限制的情况下，样本包括 628766 个数据，相比之下，25000 股的窄带宽将样本量减少到 16074 个数据。另外，在带宽更窄的情况下，公司在与流动性和市场质量有关的特征方面更相似。在没有任何带宽限制的情况下，具有较少做市义务的月份的样本平均市值（股票流通量乘以股价）大大超过了具有更严做市义务要求月份的平均值（49.5 亿美元对 29.3 亿美元）。相比之下，若以 25000 股为带宽，该平均值则更接近（50.2 亿美元对 44.3 亿美元）。

表 1　样本的描述性统计

Bandwidth (million shares)	none		0. 5		0. 1		0. 05		0. 025	
Number of firms	756		738		606		512		399	
Number of firm – months	30819		16228		3196		1585		726	
Number of fimm – days	628766		336850		66409		33019		16074	
Stronger DMM obligation	1	0	1	0	1	0	1	0	1	0
consolidated average daily trading volume (1000s)	537	1845	730	1222	949	1049	974	1025	988	1012
Market Capitalization ($mil)	2933	4946	3892	5003	4584	5030	4637	5013	4425	5020
Share Price ($)	33. 55	34. 39	39. 80	37. 91	38. 71	39. 61	38. 45	39. 93	36. 84	39. 47
Turnover (%)	0. 98	1. 73	1. 11	1. 36	1. 21	1. 23	1. 20	1. 20	1. 23	1. 15
Return Standard Deviation (%)	2. 33	2. 41	2. 20	2. 24	2. 27	2. 17	2. 27	2. 17	2. 40	2. 15
Quoted Spread (basis points)	19. 25	10. 34	11. 77	10. 06	10. 71	10. 13	10. 84	10. 18	11. 45	10. 44
Effective Spread (basis points)	14. 97	8. 47	9. 29	8. 10	8. 59	8. 07	8. 65	8. 10	9. 16	8. 34
Volume Depth (shares)	1331	2659	1369	1956	1642	1606	1724	1491	1814	1509
Dollar Depth (1000 $)	23. 61	41. 11	28. 32	35. 81	31. 64	33. 25	31. 88	32. 45	32. 03	32. 26

我们计算了报价买卖价差和有效买卖价差。其中，报价买卖价差是最优买卖价格之间的差；有效买卖价差计算方式为 2 ×(成交价 – 最优买卖价格的中间价)。引入有效价差是因为考虑到某些交易的价格比报价更好或更差的事实。所有价差都以点位来衡量，即相较于中间价的变动幅度。表 1 中报告的窄带宽（25000 股）的结果表明，交易量接近 100 万股的股票的样本报价价差平均约为 10. 5 ~ 11. 5 个基点，有效价差更小（8. 3 ~ 9. 2 个基点)。我们还计算了市场深度，即未能成交的最优买卖价的平均数量和金额。表 1 的结果表明，在窄带宽的情况下，平均深度约为 1500 ~ 1800 股，或者 320000 美元。

三、实验结果

根据 Lee 和 Lemieux（2010），Kwan、Masulis 和 McInish（2015）以及

Crane、Weston（2016）的建议，我们在附图1中以图形方式显示了每个因变量和交易量之间的经验关系。在表2至表7中，我们展示了估计表达式（2）的结果。这些表上报告的主要统计检验涉及指定做市商 $DMM_{i,t}$ 变量的系数估计，该参数展示了在100万股阈值处的不连续性。

（一）买卖价差

表2展示了使用有效价差作为因变量估算表达式（2）时获得的结果。选取的带宽为100000股、50000股（最佳带宽，根据Imbens和Kalyanaraman，2012测试）和25000股。着眼于最佳带宽的结果（表2的中间列），这些估计表明，当指定做市商承担更大的义务时，报价的买入/卖出价差降低了0.94个基点。相比之下，100万股门槛（见表1）附近的平均报价价差约为10~11个基点。Clark-Joseph，Ye和Zi（2016）发现，当纽交所被迫停止交易时，纽交所股票的报价价差有所增加，他们将其归因于纽约证券交易所指定做市商从市场上撤离。我们的研究证实了他们的解释，较少的指定做市商做市义务与更大的报价价差存在相关性。

表2　不同带宽下指定做市商对于价差的影响

	Bandwidth (0.1 million shares)		Optimal Bandwidth (0.05 million shares)		Bandwidth (0.025 million shares)	
	Quoted Spread	Effective Spread	Quoted Spread	Effective Spread	Quoted Spread	Effective Spread
DMM	0.00678 (0.02)	-0.0576 (-0.19)	-0.941** (-2.15)	-0.866** (-2.09)	-1.276* (-1.91)	-1.276** (-1.99)
ln（Vol）-ln（VC）	-3.427 (-0.61)	-4.190 (-0.88)	-10.64 (-1.09)	-12.40* (-1.32)	-76.87* (-1.83)	-81.37** (-2.22)
（ln（Vol）-ln（VC））DMM	1.032 (0.15)	1.413 (0.25)	-4.968 (-0.42)	2.122 (0.19)	79.40 (1.46)	94.46** (2.04)
FE	Yes	Yes	Yes	Yes	Yes	Yes
N	55834	55834	27970	27970	13.431	13.431
adj. R-sq.	0.727	0.696	0.709	0.624	0.785	0.685

表2的结果还表明，更严格的指定做市商做市义务导致了更低的有效买卖价差：与接近8~9个基点的阈值的样本平均有效价差相比，该阈值处的估计减少量为0.87个基点。尽管以基点表示，表2中报告的买卖价差减少的估计值

很小，但是隐含的金额数量很大。在行使更严格的指定做市商义务的月份中，50000 带宽样本中的公司平均每日交易量为 97.4 万股（见表 1）。假设平均股价为 38.45 美元，有效的点差减少 0.866 个基点，意味着交易成本减少为每年 817000 美元。

（二）市场深度

表 3 是对用股数和金额衡量的每日成交量的回归。可以看到，无论对于成交量还是对成交金额来说，指定做市商变量 $DMM_{i,t}$ 的系数都是正且显著的。表 3 显示了带宽为 300000 股、150000 股（根据 Imbens 和 Kalyanaraman，2012）测试得出的最佳带宽）和 70000 股下的结果。对于 70000 股和最佳带宽，指定做市商变量 $DMM_{i,t}$ 的系数为正且显著。与最佳带宽相比，最小带宽的估计深度增加更大，这表明使用最佳带宽获得的估计可能会向下偏移。但无论如何，我们发现更优的市场深度与更具约束力的指定做市商义务相关，这与 ClarkJoseph、Ye 和 Zi（2016）形成鲜明对比，他们的发现是当纽交所停止交易时，市场深度没有明显改变。也就是说，此处报告的结果表明，除较小的买卖价差外，更高的指定做市商义务要求确实与更优的市场深度有关。我们猜测此结果是因为更高的义务要求使指定做市商更频繁地为 NBBO 报价提供头寸。

表 3　不同带宽下指定做市商对于市场深度的影响

	Bandwidth (0.30 million shares)		Optimal Bandwidth (0.15 million shares)		Bandwidth (0.07 million shares)	
	ln (Volume Depth)	ln (Dollar Depth)	ln (Volume Depth)	ln (Dollar Depth)	ln (Volume Depth)	ln (Dollar Depth)
DMM	-0.0007 (-0.20)	-0.0016 (-0.44)	0.0113** (2.18)	0.0103** (2.08)	0.0208** (2.61)	0.0355*** (4.63)
ln (Vol) - ln (VC)	0.321*** (15.68)	0.166*** (8.58)	0.316*** (6.39)	0.175*** (3.73)	0.806*** (5.56)	0.630*** (4.53)
(ln (Vol) - ln (VC)) DMM	-0.122*** (-5.19)	0.0872** (3.93)	0.0958 (1.55)	0.163** (2.78)	-0.253 (-1.30)	-0.0228 (-0.12)
FE	Yes	Yes	Yes	Yes	Yes	Yes
N	160780	160780	82518	82518	38905	38905
adj. R - sq.	0.823	0.671	0.843	0.689	0.853	0.699

（三）其他控制变量

鉴于交易活跃度更高的证券的流动性趋于提高，而指定做市商义务在交易活跃度较低时具有约束力，因此在纽交所指定做市商义务更具约束力的情况下，流动性增强的事实更加引人注目。表达式（2）通过将交易活动作为解释变量来控制交易活动的直接影响。但是，市场微观结构文献（如 Stoll，1978；Benston 和 Hagerman，1974；O'Hara，1995，Demsetz，1968）已证明，包括股价和收益波动率在内的其他变量对市场流动性具有广泛的解释力。

为确保我们的主要结果对可能随数量变化而变化的股价或收益率波动具有稳健性，我们展示了表 4 的结果，其中价差和深度指标为因变量，并且表达式（2）中的其他解释性变量将股价倒数和实际收益率波动包括在内。与之前文献一致，结果表明，基点的买卖价差随股价减少（随股价倒数增加），市场深度随股价下跌（随股价倒数增加）。同样与之前文献一致，当收益波动率更大时，流动性供应减少（价差扩大和深度下降）。

更重要的是，表 4 的估算表明了，将其他解释变量包含在回归中后，当指定做市商义务更具约束力时，报价和有效价差显著降低，以股数或金额衡量的市场深度显著更优。

表 4　引入股价作为自变量后的实证结果

	Optimal Bandwidth (0. 05 million shares)		Optimal Bandwidth (0. 15 million shares)	
	Quoted Spread	Effective Spread	ln（Voltume Depth）	ln（Dollar Depth）
DMM	-0. 807** (-2. 23)	-0. 736** (-2. 07)	0. 0127** (2. 46)	0. 0114** (2. 32)
In（Vol）-ln（VC）	-11. 88 (-1. 27)	-13. 60 (-1. 47)	0. 281*** (5. 74)	0. 217*** (4. 66)
(ln(Vol)-ln（VC）) DMM	1. 833 (0. 14)	8. 714 (0. 75)	0. 154** (2. 53)	0. 112* (1. 93)
Realized Volatility	0. 0110** (2. 07)	0. 0107** (2. 26)	-0. 0005*** (-8. 41)	-0. 0006*** (-9. 28)
Inv. Price	41. 97*** (3. 12)	40. 70*** (3. 85)	0. 861*** (38. 19)	-0. 797*** (-37. 21)
FE N adj. R-sq.	Yes 27970 0. 714	Yes 27970 0. 630	Yes 82518 0. 846	Yes 82518 0. 695

（四）价格改善率

当纽交所指定做市商义务更具约束力时，有效买卖价差较小可能直接源于报价买卖价差较小。但是，有效价差还可能受到最优报价之内或之外价格的交易执行的影响。实际上，我们样本中所有交易的 19.4% 是按照最优报价（低于最佳卖出价的价格买入或高于最佳买入价的价格卖出）执行的。接下来，我们评估价格上涨率（以比 NBBO 报价更好的价格执行的交易的百分比）是否受到指定做市商义务的影响。

在表 5 中，我们报告了当因变量是价格改善率时，估计表达式（2）的结果。指定做市商指标变量的系数估计为正，并且对于 70000 股的最佳带宽和较窄带宽都具有统计意义。也就是说，更具约束力的指定做市商义务与更高的交易执行率相关联，而其执行价格要优于 NBBO 报价。纽交所指定做市商义务涉及对 NBBO 报价进行匹配，但不要求对其改进。因此，这一发现很重要，它表明了在指定做市商义务更具约束力时，市场质量的改善不会作为提供更多流动性的直接结果，而是需要指定做市商更频繁地改变订单和市场均衡来提供流动性。

表 5　不同带宽下指定做市商对于价格的影响

	All Execution within NBBO					
	Bandwidth (0.14 million shares)		Optimal Bandwidth (0.07million shares)		Bandwidth (0.035 million shares)	
DMM	0.0689 (1.22)	0.0827 (1.46)	0.327*** (3.88)	0.324*** (3.85)	0.358*** (2.76)	0.388*** (2.99)
ln（Vol）－ln（VT）	－1.122** (－2.00)	－1.184** (－2.11)	3.354** (2.20)	2.536* (1.67)	5.724 (1.24)	6.869 (1.49)
（ln（Vol）－ln（VT））DMM	－1.539** (－2.16)	－1.451** (－2.04)	－2.269 (－1.07)	－1.275 (－0.60)	－5.059 (－0.73)	－6.011 (－0.87)
Realized Volatility		0.0668*** (8.99)		0.0768*** (6.87)		0.0537*** (2.87)
Inv. Price		－7.393*** (－16.41)		－10.37*** (－15.93)		－11.20*** (－9.75)
FE	Yes	Yes	Yes	Yes	Yes	Yes
N	99598	99598	50378	50378	25720	25720
adj. R－sq.	0.573	0.574	0.592	0.594	0.610	0.612

(五) 股份价值

Amihud 和 Mendelson（1980）指出，在买卖双方价差较小的情况下，投资者将要求较低的收益率，这意味着较高的估值。Bessembinder、Hao 和 Zheng（2015）指出，指定做市商合同具有提高股票价值的潜力，尤其是在信息成本不对称现象更为突出的情况下。

接下来，我们评估更具约束力的指定做市商义务是否与股价上涨相关。理想的实验应着眼于投资者对未来流动性的预测的变化，而这又将部分地取决于指定做市商义务在每个未来月份更具约束力的可能性。不幸的是，无法观察到投资者对未来流动性的预测。相反，我们使用经过公司特质调整后的收益作为因变量来估计表达式（2）。如果观察到指定做市商变量 $DMM_{i,t}=1$（指定做市商义务在当月更具约束力），则会导致投资者预测未来几个月的流动性会提高。那么估计表达式（2）就有能力检测更具约束力的指定做市商义务与股票价值之间的关系，这种关系源于流动性的改善。

表 6 列出了 480000 股、240000 股（根据 Imbens 和 Kalyanaraman，2012 测试的最佳带宽）和 120000 股的带宽的结果，包括加入股价倒数和市场波动作为控制变量前后的结果。其中关键的是，无论是否包含控制变量，对于最佳带宽和 120000 股的带宽，估计的异常股票收益均为正。估计的股份平均增势在经济意义上非常微小，从 1.6 个基点（没有控制变量的最佳带宽）到 3.0 个基点（120000 股带宽且没有控制变量），但在统计上是有意义的。

表 6　不同带宽下指定做市商对股票调整后收益率的影响

	DGTW Characteristic Adjusted Return							
	Bandwidth (0.48 million shares)		Optimal Bandwidth (0.24 million shares)		Bandwidth (0.12 million shares)		Far Outside the Optimal Bandwidth (>0.48 million shares)	
DMM	-0.000119 (-0.02)	0.00433 (0.69)	0.0164** (2.21)	0.0165** (2.22)	0.0309** (2.48)	0.0284** (2.28)	0.0970 (0.94)	0.00803 (0.11)
ln (Vol) - ln (VC)	-0.0507* (-1.96)	-0.0392 (-1.57)	0.0136 (0.35)	0.00733 (0.19)	0.0267 (0.19)	-0.0377 (-0.28)	0.0209 (0.20)	-0.0379 (-0.51)
(ln (Vol) - ln (VC)) DMM	0.0555 (1.48)	0.0642* (1.91)	0.0746 (1.48)	0.0825* (1.66)	0.324* (1.67)	0.379** (2.07)	-0.0332 (-0.26)	0.00851 (0.08)

续表

	DGTW Characteristic Adjusted Return							
	Bandwidth (0.48 million shares)		Optimal Bandwidth (0.24 million shares)		Bandwidth (0.12 million shares)		Far Outside the Optimal Bandwidth (>0.48 million shares)	
Realized Volatility		0.00014*** (0.36)		-0.00015 (-0.53)		-0.00021 (-0.31)		-0.000196 (-0.17)
Inv. Price		0.498*** (5.74)		0.265*** (4.82)		0.419*** (3.85)		0.338** (2.00)
FE	Yes	Yes	Yes	Yes	Yes	Yes	Yes	Yes
N	6781	6781	4643	4643	2634	2634	1149	1149
adj. R - sq.	0.049	0.158	0.039	0.075	0.097	0.172	-0.143	0.040

（六）价格效率

最后，我们评估了更具约束力的指定做市商义务对股票市场价格效率的影响。有效的股票价格是指，根据所有可用信息合理地形成预期时，所有预期的未来股利的现值。由于无法观察到未来，我们通过先验研究的方法，即使用方差比（如 Barnea，1974；Lo 和 MacKinlay，1988；Boehmer 和 Kelley，2009）来评估短期市场效率。特别是，我们计算每只股票的每日和每周收益的方差，然后评估每周股票收益方差与每日股票收益差异的 5 倍的比值。如果股价随机波动，则该比值不应该和 1 相差太多。

表 7　不同带宽下指定做市商对价格效率的影响

	Abs $\lvert VR-1 \rvert$					
	Bandwidth (0.5 million shares)		Optimal Bandwidth (0.25 million shares)		Bandwidth (0.14 million shares)	
DMM	-0.0286* (-1.89)	-0.0286* (-1.89)	-0.0433** (-2.00)	-0.0433** (-2.00)	-0.0717** (-2.36)	-0.0711** (-2.34)
ln (Vol) - ln (VC)	-0.0988* (-1.69)	-0.0988* (-1.69)	-0.206* (-1.69)	-0.207* (-1.69)	-0.204 (-0.69)	-0.203 (-0.68)
(ln (Vol) - ln (VC)) DMM	0.125** (2.03)	0.125** (2.03)	0.187 (1.25)	0.187 (1.26)	-0.211 (-0.57)	-0.206 (-0.55)
Realized Volatility		-0.00001 (-0.17)		-0.00004** (-2.20)		-0.00007 (-0.11)

续表

	Abs丨VR－1丨					
	Bandwidth (0.5 million shares)		Optimal Bandwidth (0.25 million shares)		Bandwidth (0.14 million shares)	
Inv. Price		0.00145 (0.22)		0.00796 (0.70)		－0.0512 (－0.146)
FE	Yes	Yes	Yes	Yes	Yes	Yes
N	17517	17517	8544	8544	4653	4653
adj. R－sq.	0.032	0.032	0.032	0.032	0.050	0.050

在表7中，因变量是每个公司计算出的方差比与1的差值的绝对值。表7显示了带宽为500000股、250000股（根据Imbens和Kalyanaraman，2012测试的最佳带宽）和140000股的回归结果，同时在每个带宽下考虑了包含波动率和股价倒数作为控制变量的情况以及不包含的情况。结果显示，无论是否包含控制变量，指定做市商变量$DMM_{i,t}$的估计系数对于每个带宽都是负的，并且在统计上有意义。当带宽最窄时，估计的减少量最大（大约7.1%），而在最佳带宽下估计的减少量也很大（大约4.3%）。也就是说，当指定做市商义务更具约束力时，每日股票价格更符合随机游走标准，这支持了市场价格效率得到改善的理由。

四、安慰剂检验[①]

在前文中，我们展示了指定做市商更具约束力的义务与较窄的买卖价差，更高的价格改善率，更大的市场深度，超额股票收益率和更有效的价格相关。尽管我们采用的RDD研究设计具有理想的特性，并且能够在看起来令人满意的假设下提供对指定做市商义务的因果影响的无偏估计，但仍然有可能存在某些无法识别或遗漏的市场特征导致RDD设计识别出了虚假对的结果。

为了阐明本文研究结果的稳健性，我们使用上月每天50万股和上月每天

① 安慰剂检验是一种附加实证检验的思路，是稳健性检验的一种，并不存在一个具体或特定的操作方法，一般在做政策冲击的时候进行，多用于双重差分（DID）和断点回归设计（RDD）。断点回归中的安慰剂检验往往采用伪断点检验（Pseudo Cutoff Point），常规做法是在参考变量的其他位置，即断点两侧的其他位置选择伪断点，利用同样的方法进行断点回归，估计统计量。我们知道在伪断点处的干预效应为零，如果发现伪断点处的RDD估计量不为零，则说明我们的研究设计存在问题，可能混杂了其他未观测因素的影响。

150 万股的交易量阈值重复进行所有测试，以重新估计 $DMM_{i,t}$ 变量系数。这些交易量阈值是虚拟的断点，它们处在实际触发指定做市商义务变更的 100 万股的阈值附近，但不触发实质上的义务变更。

表 8 和表 9 列示了分别基于 50 万股和 150 万股的阈值，报价价差、有效价差、价格改善率、股票的市场深度、异常股票收益以及方差比与 1 的偏差的结果。每种情况下的结果均基于 Imbens 和 Kalyanaraman（2012）测试指定的最佳带宽。

表 8　基于 50 万股阈值的安慰剂检验结果

	With Placebo cut at 0. 5 million shares						
	Quoted Spread (0. 04 million)	Effective Spread (0. 04 million)	ln（Volume Depth）(0. 02 million)	ln（Dollar Depth）(0. 02 million)	DGTW Return (0. 14 million)	Abs |VR－1| (0. 15 million)	Inside NBBO (0. 05 million)
DMM	－0. 461 (－0. 57)	－0. 357 (－0. 56)	－0. 00644 (－0. 49)	－0. 0158 (－1. 32)	0. 00289 (0. 40)	－0. 00098 (－0. 05)	－0. 126 (－0. 26)
ln（Vol）－ln（VT）	－16. 97 (－1. 53)	－13. 03 (－1. 49)	0. 802* (1. 82)	0. 349 (0. 87)	0. 0341 (0. 78)	－0. 00166 (－0. 02)	－5. 184 (0. 77)
(ln（Vol）－ln（VT）DMM	20. 27 (1. 19)	15. 05 (1. 12)	1. 008* (1. 72)	－0. 318 (－0. 59)	－0. 136** (－2. 19)	－0. 679 (－0. 59)	－11. 84 (－1. 30)
FE	Yes	Yes	Yes	Yes	Yes	Yes	Yes
N	42118	42118	21442	21442	5550	9945	54137
adj. R－sq.	0. 741	0. 676	0. 816	0. 722	0. 068	0. 039	0. 044

表 9　基于 150 万股阈值的安慰剂检验结果

	With Placebo cut at 1. 5 million shares						
	Quoted Spread (0. 13 million)	Effective Spread (0. 13 million)	ln（Volume Depth）(0. 05 million)	ln（Dollar Depth）(0. 05 million)	DGTw Return (0. 58 million)	Abs |VR－1| (0. 44 million)	Inside NBBO (0. 20 million)
DMM	－0. 202 (－0. 49)	－0. 163 (－0. 47)	－0. 0189 (－1. 45)	－0. 00619 (－1. 26)	－0. 00620 (－0. 98)	－0. 0107 (－0. 49)	0. 577 (1. 21)
ln（Vol）－ln（VC）	－4. 422 (－0. 79)	－3. 812 (－0. 83)	－1. 872*** (－3. 89)	0. 169*** (3. 56)	0. 0166 (0. 59)	－0. 0274 (－0. 21)	－4. 784 (－0. 79)

续表

	With Placebo cut at 1.5 million shares						
	Quoted Spread (0.13 million)	Effective Spread (0.13 million)	ln (Volume Depth) (0.05 million)	ln (Dollar Depth) (0.05 million)	DGTW Return (0.58 million)	Abs |VR - 1| (0.44 million)	Inside NBBO (0.20 million)
(ln (Vol) - ln (VC)) DMM	8.972 (1.30)	8.070 (1.42)	3.071*** (4.84)	-0.0245 (-0.42)	-0.0844** (-2.25)	-0.0209 (-0.14)	2.321 (0.30)
FE	Yes	Yes	Yes	Yes	Yes	Yes	Yes
N	45773	45773	18999	18999	5783	7742	51094
adj. R - sq.	0.742	0.702	0.880	0.688	0.065	0.036	0.059

表8和表9中的结果可以简要总结为：当基于50万股或150万股的反事实交易量进行回归时，$DMM_{i,t}$指标的系数估计在任何情况下都不具有统计意义。即对于其他阈值，均未观察到前文得出的指定做市商更具约束力的义务对流动性和市场质量的影响。这些结果有力地支持了我们的结论，即在100万股阈值上，指定做市商的义务变化与市场质量的变化具有因果关系。

五、结论

设计或监管证券市场的人士面临的一个关键问题是，电子限价订单簿是否能够内生地（即在没有任何鼓励提供流动性的具体措施的情况下）吸引足够的流动性。尽管许多股票市场至少对某些股票采用了指定做市商（DMM）制度，但我们对指定做市商合同的重要性和可取性的综合理解仍然很不完整。

我们通过研究纽约证券交易所指定做市商机制，来为理解这些问题作出贡献。纽交所会为每只股票安排一个指定做市商，因此我们的研究设计没有指定做市商的证券选择偏向问题。我们利用了指定做市商义务的不连续性这一事实（纽约证券交易所规则104规定），即要求上个月平均每日交易量低于100万股门槛水平的股票更频繁地在NBBO维持订单。特别是，我们使用断点回归研究设计来估计更严格的指定做市商义务要求与流动性、股票估值和价格效率的因果关系。我们的结果表明，更严格的指定做市商义务要求与流动性改善相关，表现为较低的平均报价买卖价差、有效买卖差价以及较高的价格改善率。除了证明指定做市商义务会影响流动性外，我们还发现，在指定做市商义务更具约束力的时期内，股票存在超额收益率，并且股票价格更符合随机游走标准。总而言之，更严格的指定做市商义务要求与更高的股票估值、更有效的定价以及更好的流动性相关。

此外，我们还基于反事实（即以 50 万股或 150 万股为阈值）的安慰剂测试进行了稳健性检验，RDD 方法显示结果均不显著。该证据有力地确认了纽交所指定做市商义务对市场质量和公司价值的因果关系的存在。

附图

这些图显示了从 2009 年 9 月至 2013 年 12 月，平均日交易量横跨 100 万股（指定做市商（DMM）义务变化的交易量阈值）的一组股票，其市场质量度量指标的数值和拟合的回归曲线。Y 轴显示市场质量的度量指标。X 轴表示公司在日历月 t－1 的总平均每日交易量。垂直线是断点，即 100 万股。左侧（右侧）的公司是处理组（对照组），在 t－1 个月的日均交易量少于（等于或大于）100 万股，并且在 t 月与更强（更弱）的 DMM 义务相关。断点回归图按照 Calonico（2014）等人所述的方法，在阈值的两侧使用 50 个非重叠的均匀间隔的样条来表示局部样本平均值。回归曲线采取一阶多项式回归得出。

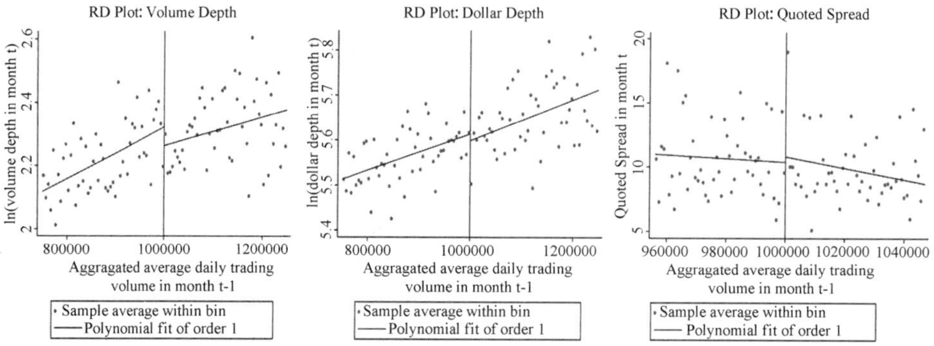

附图　回归不连续图

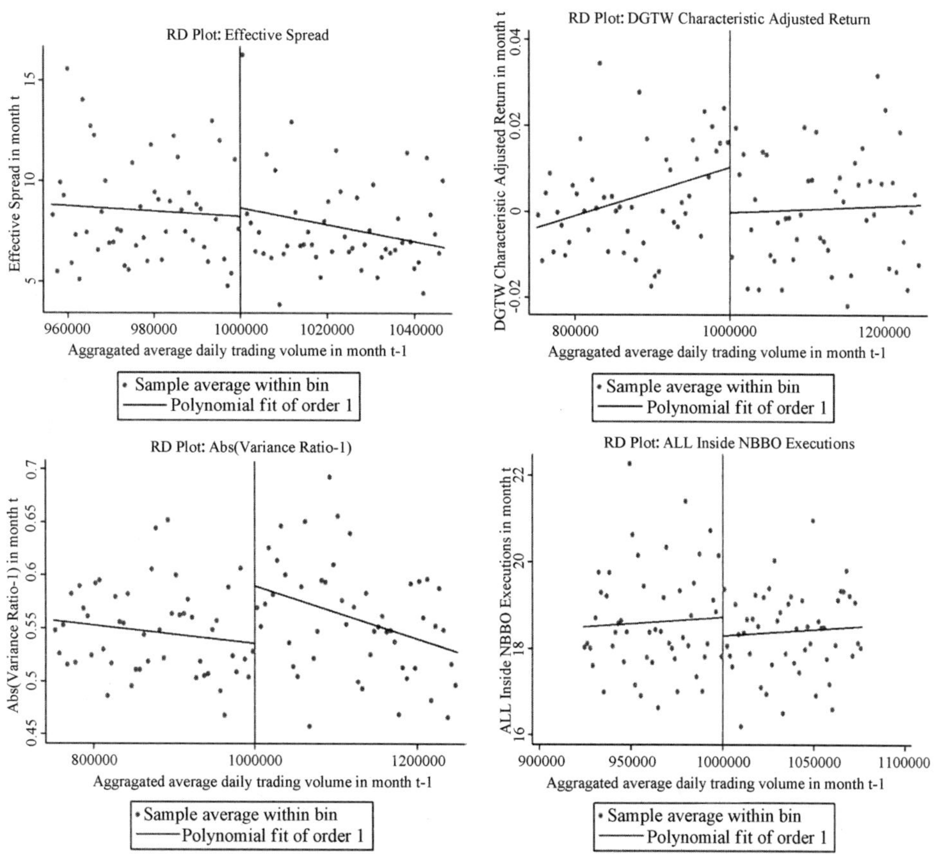

附图　回归不连续图（续）

参考文献

[1] Anand A, Venkataraman K. Market Conditions, Fragility and the Economics of Market Making [J]. Social ence Electronic Publishing.

[2] Amihud Y, Mendelson H. Dealership market: Market - making with inventory [J]. 1980, 8 (1): 0 -53.

[3] Barlevy G, Veronesi P. Information Acquisition in Financial Markets [J]. Review of Economic Studies, 2000, 67 (1): 79 -90.

[4] Benston G J, Hagerman R L. Determinants of bid - asked spreads in the over - the - counter market [J]. Journal of Financial Economics, 1974, 1 (4): 353 -364.

[5] Bessembinder H, Hao J, Zheng K. Market Making Contracts, Firm Value,

and the IPO Decision [J]. The Journal of Finance, 2015, 70 (5): 1997 – 2028.

[6] Boehmer E, Kelley E K. Institutional Investors and the Informational Efficiency of Prices [J]. Securities Market Herald, 2009, 22 (9): 3563 – 3594.

[7] Calonico S, Cattaneo M D, Farrell M H, et al. rdrobust: Software for regression – discontinuity designs [J]. The Stata journal, 2017, 17 (2): págs. 372 – 404.

[8] Clark – Joseph A D, Ye M, Zi C. Designated market makers still matter: Evidence from two natural experiments [J]. Journal of Financial Economics, 2017, 126 (3): págs. 652 – 667.

[9] Coughenour C J F. Limited Attention and the Allocation of Effort in Securities Trading [J]. Journal of Finance, 2008, 63 (6): 3031 – 3067.

[10] Fan J, Gijbels I. Variable Bandwidth and Local Linear Regression Smoothers [J]. Annals of Stats, 1992, 20 (4): 2008 – 2036.

[11] Goldstein I, Yang L. Information Diversity and Complementarities in Trading and Information Acquisition [J]. Journal of Finance, 2015, 70 (4): 1723 – 1765.

[12] HASBROUCK, JOEL. One Security, Many Markets: Determining the Contributions to Price Discovery [J]. Journal of Finance, 2012, 50 (4): 1175 – 1199.

[13] Emory C. Does Algorithmic Trading Improve Liquidity? [J]. CFA Digest, 2011, 41 (2): 39 – 41.

[14] Imbens G W, Lemieux T. Regression Discontinuity Designs: A Guide to Practice [J]. Social ence Electronic Publishing.

[15] Lee D S, Lemieux T. Regression Discontinuity Designs in Economics [J]. Journal of Economic Literature, 2010, 48 (2): 281 – 355.

[16] Menkveld A J, Wang T. How Do Designated Market Makers Create Value for Small – Caps? [J]. SSRN Electronic Journal, 2011.

[17] O'Hara M, Ye M. Is market fragmentation harming market quality? [J]. Journal of Financial Economics, 2011, 99 (3): 459 – 474.

[18] Marios A. Panayides. Affirmative obligations and market making with inventory [J]. Journal of Financial Economics, 2007, 86 (2): 513 – 542.

[19] Skjeltorp J A, Odegaard B A. When Do Listed Firms Pay for Market Mak-

ing in Their Own Stock? [J]. Financial Management, 2015, 44 (2): 241 -266.

[20] Stoll H. The Pricing of Security Dealer Services: An Empirical Study of NASDAQ Stocks [J]. Hans Stoll.

[21] Waisburd V A C. The Value of the Designated Market Maker [J]. Journal of Financial & Quantitative Analysis, 2007, 42 (3): 735 -758.

境外资本市场主动退市制度研究

林 晗[*] 张骅骝[**]

摘 要：近年来，新三板挂牌公司主动摘牌情况引发市场关注，关于投资者保护的尺度问题也存在一些争议。一方面，需要尊重挂牌公司基于其股东大会决议作出的终止挂牌决定，在充分揭示风险、保障股东基本权利的前提下，投资者应当自主选择、自负其责，摆脱监管托底的心理依赖；另一方面，考虑摘牌后股东将失去交易股票的权利，挂牌公司也应当制定合理的异议股东保护措施，对主动摘牌造成的股东权利损失进行补偿。实践中，全国股转公司重点关注大股东等相关义务方与异议股东的协议签署情况，促成挂牌公司和异议股东在最大程度上达成一致。本文通过对比境外主要资本市场关于主动退市的成熟经验和制度安排，研究分析境内外主要资本市场主动退市制度和中小股东保护机制，对新三板未来进一步完善主动终止挂牌投资者保护提供理论依据和政策建议。

关键词：新三板 主动退市 投资者保护

一、主动退市情形的比较

境外主要资本市场的主动退市形式繁多，但总结其共同规律，根据主动退市效果可分为撤回上市、在其他交易所上市及私有化退市三种类型。

---

* 林晗，全国股转公司融资并购一部总监助理。

** 张骅骝，全国股转公司融资并购二部经理。

关于撤回上市与私有化退市[1]，虽然前者以终止上市地位为目的，后者以集中股权为目的，但结果都导致公司退市。宽泛来看，私有化退市只是撤回上市的一种形式：一些境外市场要求公司撤回上市必须附有要约义务，对投资者进行保护，其私有化退市与撤回上市基本等同，区别仅在于控股股东是否取得全部股权；另一些境外市场关于撤回上市并未要求附有要约义务，这种情况下私有化更多的是控股股东出于集中股权等目的而作出的自发行为。实际上，新三板挂牌公司主动摘牌也属于撤回上市。无论撤回上市还是私有化退市，实践中都存在大股东与中小股东的利益冲突，其异议股东权益保护理念和制度设计也基本一致。

关于在其他交易所上市，由于上市公司在退出特定公开证券市场后仍保留至少同等级别证券市场的上市地位，股东所持股票实际上并未退出公开市场，境外市场对于该类情形的主动退市一般并无严格限制。

二、境外市场主动退市具体制度解析

从各国立法来看，在主动退市过程中主要通过三个方面的制度设计实现对中小股东的保护：一是事前赋予中小股东参与权，确保其在公司退市决议过程中享有话语权与决策权；二是事中保障中小股东知情权及退出权，确保在公司退市情形下，股东能够及时充分了解公司情况，作出相关投资决策，并保障其出售股权的权利；三是事后保障中小股东的救济权，通过整合社会调解、司法诉讼等各种救济资源，减少中小股东行使权利救济的成本。

（一）事前：参与权相关保护制度

1. 设置内部决策程序通过标准

针对撤回上市的主动退市决策权限，目前全球主要资本市场关于退市的内部决策程序视其向中小股东投票权利的保护倾斜程度可区分为以下三种模式。

一是董事会决议模式。美国纽交所及纳斯达克为该类模式的代表，纽交所明文规定，上市公司退市需经董事会决议通过[2]；纳斯达克则规定退市决议需

---

① 境外市场对于“私有化”也并无严格定义。一般情况下，完全“私有化”都是指收购人取得目标公司100%股权。美国、中国香港等国家或地区的法律法规中都有余股挤出的相关规定，赋予收购人在取得目标公司一定比例的股权后，强制取得剩余股东所持股份的权利，从而实现完全控股的目的。

② 参见《纽约证券交易所上市手册》（*NYSE Listing Manual*）第八章（Section 8 Suspension and Delisting）第806.02条。

由公司决策机构作出，虽然并未明确具体指出决议机构，但通常均由董事会负责①。

二是股东大会一般决议模式。在该种模式下，退市相关决议需经出席股东大会的股东所持表决权过半数通过，该种模式以德国部分交易所为代表。根据德国《交易所法》，退市决议应由公司决策机构作出，各交易所可以对作出决议的具体决策机构作出规定。目前，包括杜塞尔多夫交易所在内的部分德国交易所均在其规则中明确指出应采用一般决议模式②。

三是股东大会特别决议模式。目前，全球大多数资本市场针对主动退市都采取特别决议模式，股东大会中同意比例需达到绝对多数方可完成主动退市，部分市场还采用关联股东表决权限制乃至中小股东单独表决或否决制度，以保障中小股东权利。英国金融行为监管局（Financial Conduct Authority，FCA）规定，伦交所主板中的高级上市公司（Premium Listing）主动退市应至少取得有表决权股东所持 75% 的表决权通过，相关决议方能生效③。港交所在其《主板上市规则》中规定，退市决议所需赞成比例必须达到投票数的 75% 以上，同时控股股东及关联方无权表示赞成，且反对比例不得超过投票数的 10% 。此外，相关股东可以要求上市公司或要约人以现金选择或其他安排，回购其所持有股票④。

2. 独立第三方参与

为平衡退市过程中交易双方的地位，保障持股分散、信息劣势的中小股东充分行使决策权，部分境外市场在相关制度中要求聘请第三方或设置专门委员会参与主动退市相关程序，对上市公司主动退市相关事项进行独立尽职调查并发表独立意见。常见做法通常可分为以下三种。

一是要求退市公司聘请具有相关资质的外部中介机构就主动退市相关事项进行审查并发表意见，如孟买交易所规定上市公司需聘请具有相关资质的商业银行进行尽职调查，在尽职调查过程中还应保证该商业银行充分获取相关信息以发表明确意见⑤。

---

① 参见《纳斯达克上市规则》（*NASDAQ Listing Rules*）第 5835（j）（1）条。

② 参见 Julian von Imhoff. New German Delisting Protect Investors [EB/OL]. [2016 - 01]. https://www.skadden.com/insights/publications/2016/01/new - german - delisting - rules - aim - to - protect - investor。

③ 参见英国金融行为监管局《上市规则》（*FCA Listing Rules*）第 5.2.5 条（LR5.2.5R）。

④ 参见港交所《主板上市规则》第 6.12 条。

⑤ 参见 ICSI. Delisting of equity shares [M]. The Institute of Company Secretaries of India. New Delhi, 2016。

二是在退市公司内部设立特别委员会专职审议退市计划的公平性及合理性。台交所规定上市公司在申请终止上市前，应当设置特别委员会，对回购价格合理性及终止上市是否符合股东整体利益提供意见并提交董事会和股东会审议①。

三是在制度设计中兼顾上述两种模式，既要求聘请独立第三方进行审查，也要求成立独立委员会提供合理建议。如港交所上市公司以收购方式进行退市的，则按照港交所《收购守则》相关规定，若被收购方公司董事会打算接受要约收购，应成立董事会独立委员会就该项要约是否公平以及是否接受该项要约发表意见，董事会还需聘请独立财务顾问就该项要约是否公平以及是否接受该项要约向董事会独立委员会提供建议②。

（二）事中：知情权相关保护制度

信息披露贯穿公司主动退市筹划、决策、回购、申请、决定等各个阶段。中小股东的知情权通常只能依赖于强制性的信息披露来实现，信息披露的情况也深刻影响着中小股东的最终决策。全球主要资本市场均对主动退市情形下的信息披露作出了严格规定，信息披露规则主要涉及以下两个方面。

一是明确信披范围，设置信披程序，规定退市相关的基本信披义务。以孟买交易所为例，其针对上市公司主动退市的情形，要求公司在董事会决议、股东大会决议、指定独立第三方、开具中间账户、要约回购邀请、回购期间、确定收购价格过程、提供最终报价、完成最终退市等流程必须及时高效地披露相关信息③。

二是就不同退市情形匹配差异化信披要求。比如，美国证监会充分考虑私有化的具体特点，通过制定13e－3规则（Rule 13e－3）细化在私有化退市情形下的信息披露内容，包括私有化退市交易的方式、交易参与各方的名称、私有化交易中目标公司的股票价格情况、时间安排、付给非关联方的股票价格、交易的合理性等④。

（三）事中：退出权相关保护制度

1. 关于强制收购义务

针对上市公司及其控股股东在主动退市过程中是否具有强制收购义务，世

---

① 参见《台湾证券交易所股份有限公司上市公司申请有价证券终止上市处理程序》第二条。

② 参见港交所《公司收购及合并守则》第6条及第15.6条。

③ 参见ICSI. Delisting of equity shares ［M］. The Institute of Company Secretaries of India. New Delhi, 2016。

④ 翟浩. 上市公司退市：理论分析和制度构建［D］. 上海：华东政法大学，2012。

界各大资本市场做法不一。

明确回购义务的资本市场主要是德国和中国香港。德国立法机关于2015年修改《交易所法》，明文确立了主动退市前，股东必须获得要约的规定[①]。而根据港交所《香港上市规则》等相关规定，上市公司撤回上市，主要采用协议安排和要约回购两种方式：（1）采用协议方式退市的公司，在上文所述的股东大会特别决议通过基础上，只有在股东（董事、最高行政人员、控股股东除外）获得他人要约，以一项合理的现金选择或其他合理的安排，代替股东持有的上市证券情形下，方可完成退市。该项“协议安排”经法院批准通过后，上市公司宣布协议计划生效，分别向选择现金选项的股东寄发现金支票或向选择股份选项的股东寄发相关股票。值得一提的是，采用协议安排方式完成退市的公司，还必须符合注册地法律中关于退市协议安排的相关规定，如协议安排下的开曼群岛和百慕大注册公司在通过协议安排时需要同时通过股东人数测试（即人数多数决）；（2）采用要约方式退市的公司，控股股东可以主动触发《收购守则》第2.2条规定，通过自愿全面要约在取得超过公司总股本的90%时，获得余股收购权利，强制收购余下中小股东股票，从而实现主动退市。这里需要注意的是，注册地在中国大陆的H股公司因为我国《公司法》中没有H股上市公司私有化协议安排及强制收购权相关规定，如果要完成主动退市，实践中常采用要约收购方式，在取得90%股本后，要约方可向香港证监会申请豁免其强制收购义务。

未明确回购义务的资本市场主要包括澳大利亚、加拿大等。虽然在上述国家资本市场中存在部分上市公司主动退市时选择对中小股东进行回购的情形，但相关规则中并未明确主动退市情形下，控股股东或第三方具有强制回购的义务[②]。值得一提的是美国，其未明确规定上市公司主动退市需要私有化（Go Private）并进行回购，但在制度设计上，通过“报告公司”（Reporting Company）制度将股东人数与信息披露义务挂钩。公开发行证券的公司主动退市，一般在OTCBB和粉单市场继续挂牌交易。若退市公司登记股东（Record Holder）人数少于300人，或者股东少于500人且最近三年总资产均低于1000万美元

---

① 参见Julian von Imhoff. New German Delisting Protect Investors［EB/OL］.［2016－01］. https://www.skadden.com/insights/publications/2016/01/new－german－delisting－rules－aim－to－protect－investor

② 参见Julia Khort. Protection of Investors in Voluntary Delisting on the U. S. Stock Market［D］. 48。

的，可以“进入休眠”（Go Dark）从而暂停报告义务，暂停后若重新触发上述股东人数和资产上限则需继续履行报告义务[①]。上市公司为避免触发该报告义务，被迫通过回购或将中小股东所持股票整理至若干经纪商进行持股的方式（Holding Shares in “Street name”）将在册股东降至300人以下，进而暂停报告义务，实现真正意义上的“退市”。此外，美国《证券法》对于外国发行人退市有更严格规定，外国发行人在退市计算股东人数时，必须“穿透”经纪商，将通过经纪商持股但居住在美国境内的最终受益人（Beneficial Holder）统计在内[②]，因此中概股退市无法像美国公司一样通过整理中小股东到部分经纪商从而缩减股东人数的方式暂停报告义务，而是通过收购股份的私有化方式完成“最终”退市。

2. 收购定价机制

在退市收购过程中，公司股价往往因即将退市导致大幅跳水，股东被迫以低价出售股票。为保护中小股东利益，各资本市场均对收购定价机制作出了规定，其模式大致可分为两类：一类是在退市过程中直接采用一般上市公司收购定价机制，通常是在规则中明确以一个时间点或一段时间内的股价作为参考依据。如港交所在《收购守则》中明确规定了“前一日收盘价与前5个转让日平均收盘价二者中较低的价格折价50%”的要约价格下限，要约人一般不得以低于上述下限的价格提出要约；德国则规定退市要约价格不得低于要约发出日前六个月的国内股价加权平均值[③]。

另一类则认为在退市压力下，市场价格存在失真风险，因此只将市场价格作为一个参考依据，而赋予中小股东定价参与权。定价参与权主要以美国与印度为代表：美国一般要求在私有化过程中，退市交易由代表中小股东利益的非关联方代表或独立委员会与收购方进行议价谈判，并对议价结果进行披露；印度则采取“反向询价模式”（Reverse Book Building），上市公司及控股股东首先需要根据证券法律法规和交易所相关规则确定一个最低回购价格，在一定的报价期内，中小股东可以向上市公司提出高于最低回购价格的报价和回购数量的申请。上市公司或控股股东应聘请独立第三方对报价进行统计，以最大申报

---

① 参见美国《证券法》第12（g）条。

② 参见 Morrison & Foerster. The MOFO Guide to U. S. Privatizations［R］. 2012：25。

③ 参见王通平．德国上市公司收购市场监管研究［M］//谢庚，徐明．多层次资本市场研究．北京：中国金融出版社，2020。

数量对应的申报价格作为最高回购价，对不高于该价格的申报按其申报价格进行回购，在收购公众股份达到规定的比例要求后，方可完成主动退市[①]。

（四）事后：救济权相关制度

在主动退市过程中，现金收购等中小股东保护措施难以满足所有股东的心理预期，因此上市公司主动退市后不可避免地会出现中小股东寻求救济的情形。所以，各国资本市场在实践中也规范了退市后投资者的救济方式，主要通过证券集团诉讼、代位诉讼或投资者赔偿基金作为投资者的后续救济。

采取证券集团诉讼的代表是美国，所谓集团诉讼（Class Action），即法律上将人数众多且不确定具体人数的所有当事人拟制为一个集团，上述当事人必须具有同一法律事实或法律关系，由该集团中一人或数人代表整个集团提起诉讼，法院判决对所有成员自动发生效力。[②] 中小股东如果认为私有化的主动退市损害了自身利益，可以向法院主张阻止私有化交易继续进行或要求法院对其持有的股份作出价值评估。

我国台湾地区是采取“投保中心代位诉讼”模式的代表。根据台湾地区“证券投资人及期货交易人保护法”，对于造成多数证券投资人或期货交易人受损害的同一证券、期货事件，由二十人以上证券投资人或期货交易人授与诉讼或仲裁实施权后，投保中心可以以自己名义进行起诉或提付仲裁[③]。我国新《证券法》也充分借鉴了“投保中心代位诉讼”模式，规定了投资者保护机构受五十名以上投资者委托，可以作为代表人参加诉讼[④]。

印度等资本市场则设立投资者教育和保护基金，其用途除了进行投资者教育之外，还可以对拟退市过程中出现的相关诉讼的法律费用进行补偿和赔付[⑤]。

三、对新三板主动终止挂牌制度建设的启示

随着新三板市场改革的深入推进，挂牌公司公众性将不断提升，亟须研究完善主动摘牌涉及的中小股东权益保护机制。为防范控股股东、实际控制人在

① 参见 ICSI. Delisting of equity shares ［M］. The Institute of Company Secretaries of India. New Delhi, 2016。

② 郭丹. 证券集团诉讼在中国的制度价值——法经济学与法社会学的悖论［J］. 北方法学, 2012, 6（2）: 64－71。

③ 参见台交所“证券投资人及期货交易人保护法”第二十八条。

④ 参见《证券法》第九十五条。

⑤ 参见印度《公司法》第125条3款d项。

主动摘牌过程中利用控制优势侵害中小股东合法权益，可以从决策机制、收购义务、信息披露等方面借鉴域外经验，将对异议股东保护的重点从对收购价格的事后规制转化为保证异议股东事前、事中参与，层层缓释风险，把好新三板市场“出口”关。

（一）引入特别委员会处理主动摘牌事项

《关于改革完善并严格实施上市公司退市制度的若干意见》（以下简称《退市意见》）规定，在退市过程中，独立董事应当针对退市相关事项充分征询中小股东意见并独立发表意见，同时上市公司应当聘请财务顾问为主动退市提供专业服务、发表专业意见并予以披露。但独立董事和中介机构大多由控股股东任选，现实社会中对其出具合理中立意见的负面影响因素多，在主动摘牌过程中发挥的作用并不尽如人意，中小股东缺乏真正的利益代表，无法对主动退市的公平性进行监督和制约。

建议借鉴香港、台湾地区资本市场的相关经验，可在规则中要求特定层次或股东达到一定人数的挂牌公司，应当在公司章程中明确，在召开董事会审议主动摘牌事项前，设置退市特别委员会处理主动摘牌相关事项，明确委员的提名制度和选聘制度，并授权其负责聘请独立第三方或外部专家发表意见。同时，应在委员会中选聘部分中小股东代表担任委员，通过其传达中小股东合理诉求，强化中小股东议价能力，提供中小股东和控股股东平等沟通和利益博弈的机会。特别委员会制度能保证中小股东事前充分参与公司的摘牌决策，从而自前期缓释公司主动摘牌带来的风险。

（二）明确主动摘牌情形下的收购义务

异议股东退出机制是维护中小股东权益的坚实保障，应当确保反对主动退市的中小股东能够依据法定程序以公平价格退出公司。由于我国现行法律体系未明确退市情形下的异议股东回购请求权，建议参考《退市意见》相关规定，要求挂牌公司在其章程中对主动摘牌异议股东的现金选择权、回购请求权等作出安排。在审议主动摘牌议案的股东大会前，要求制订并披露收购或回购方案，由中小股东在此基础上对摘牌议案进行表决。

此外，我国“非上市公众公司”与美国“报告”公司有一定相似之处，从法律关系看，超200人公司摘牌后仍应纳入非上市公众公司监管。为完成彻底退市，主动摘牌公司需将股东人数降至200人以下，为此建议可在主动摘牌过程中引入“要约收购”制度，为公司提供便捷高效的“股东人数缩减通道”。

关于收购价格确定机制，考虑到新三板挂牌公司财务状况、交易活跃度等差异化程度较大，市场存在高度复杂性，因此难以通过同一标准对收购价格进行细化规定，实践中建议对收购价格只提出原则性要求，同时结合退市特别委员会对收购价格进行自主商定的方式，有效保护中小股东的利益。

（三）完善主动摘牌异议股东保护措施的审查机制

目前，《终止挂牌指南》和制定中的《终止挂牌细则》采取全球通用的股东大会特别决议模式，要求摘牌议案需经股东大会三分之二以上的参会股东同意。对于特定层次或股东达到一定人数的挂牌公司，还将研究引入中小股东分类表决和网络投票机制。其中，中小股东分类表决机制可视为对大股东、董监高及其关联方作出的回避规定。上述规定能够在一定程度上保障中小股东基本的决策权，但未充分考虑中小股东较为分散，决策意向难以沟通，且股东大会出席率较低，大多数处于信息真空状态，如仅对股东大会表决通过率作出要求而不关注反对率，控股股东可以通过宣传误导、抽屉协议等方式设法取得必须表决权数的股东支持，从而在较多中小股东反对的情形下完成主动摘牌。

鉴于我国《公司法》对于股东大会决议效力问题已有明确规定，不宜在相关自律规则中直接设定股东大会有效决议的反对票上限。考虑“异议股东保护措施充分合理”的主动摘牌条件，可以借鉴境外市场关于反对率的相关规定，对异议股东保护措施的协议签署情况设置“反对率”，如未与挂牌公司或相关义务方签署协议的异议股东达到一定人数或持股达到一定比例，即可视为未达到“异议股东保护措施充分合理”的条件，股转公司将驳回公司的主动摘牌申请，从而倒逼挂牌公司充分重视和保护中小股东利益。

另外，考虑大部分创新层公司和基础层公司股东集中度较高，异议股东人数较少或持股比例较低，如设置协议签署“反对率”容易导致挂牌公司被中小股东绑架。因此，建议仅将协议签署“反对率”适用于股东达到一定人数的公司。

（四）强化主动摘牌信息披露要求

在主动退市中，收购方或者控股股东通常能掌握该公司经营决策和财务信息等，而中小股东处于明显的劣势地位，不易作出有效的投资决策。因此，建议强化主动摘牌信息披露要求，扩大主动摘牌信披范围、完善信披程序，根据主动摘牌的不同路径制定差异化披露要求，确保挂牌公司充分、及时披露有关信息。具体而言，可以根据“分阶段披露”原则，对于退市筹划、异议股东谈判、提交申请、终止上市等不同阶段，固化信息披露时点和内容。针对撤回挂牌、在其他交易所上市、私有化退市的不同特点，制定差异化信息披露要求，如可借鉴美国证监会 13e－3 规则对私有化退市的信息披露作出的规制。

稿　约

《多层次资本市场研究》是由全国中小企业股份转让系统有限责任公司主办，面向社会公开连续出版的学术类出版物。内容涵盖中小企业发展、资本市场制度创新、金融创新等我国资本市场发展的重要问题。风格为理论与实践并重、宏观与微观结合、现实与前瞻兼顾。

选题范围包括：资本市场制度改革创新研究、新三板市场发展研究、民营经济产业研究、中小企业发展研究、资本市场微观行为研究、域外资本市场分析及启示、上市及挂牌公司案例研究、金融科技等。

栏目设置包括“理论前沿”“制度探索”“企业研究”“金融科技”“域外经验”“案例分析”等，每辑根据实际情况适当调整。

现面向全国经济、金融、法律、投资等理论界、实务界，诚征稿件。来稿应论点鲜明、逻辑严谨、结构合理、可读性强，具有学术深度和实践应用价值。稿件篇幅以8000~10000字为宜，特别优秀的理论稿件不受此限。稿件一经录用，编辑部将及时通知作者；采用后将根据文章质量及字数支付稿酬，并奉送样书。

投稿请发送至以下电子邮箱：tougao@ neeq. com. cn，并附作者简介，包括姓名、署名单位、职务或职称、研究领域、通信地址、邮政编码、联系电话、E-mail等信息。所有投稿应符合国家著作权规定、公认学术规范和所附《编辑体例》要求。

本书编辑部保留对来稿进行文字性和技术性修改的权利。所采用文章均不代表全国股转公司观点，文责由作者自负；除特别说明外，文章为作者个人观点，与其所在单位、职务无关。

投稿人向《多层次资本市场研究》投稿，即视为接受本稿约，并授权本书将稿件纳入《中国学术期刊网络出版总库》及CNKI系列数据库、“北大法宝”（北大法律信息网）期刊数据库等学术资源数据库以及全国股转公司官方互联网平台，稿酬已包含上述数据库著作权使用费。如有异议，请来稿时注明。

编辑体例

投稿论文应为作者原创、未公开发表、无知识产权争议并应符合学术规范，严禁一稿多投，并符合以下要求。

一、文章字数

文章应论点鲜明、逻辑严谨、可读性强，具有学术深度和实践应用价值，字数在8000～10000字为宜，特别优秀的理论文章字数不限。

二、标题

文章题名一般不超过20个字，必要时可加副标题。黑体三号字，居中。

三、作者

题目下方一行署名作者，宋体小四号字（居中），附加脚注、使用上标星号（*）标明，脚注中应当注明作者姓名、工作单位、职务、职称、学历。如有两名作者，第二名作者用两个上标星号（**）标明，依此类推。

四、摘要和关键词

摘要一般不超过300字；关键词3～5个，关键词之间用空格分隔。宋体小四号字，首行缩进。固定行距28磅。

五、正文

正文区分标题和内容，标题首行缩进，层级依次为“一、……”“（一）……”“1. ……”“（1）……”“①……”。一级标题采用黑体小四号字；二级标题采用楷体小四号字；内容首行缩进，宋体小四号字，固定行距28磅。

六、注释和参考文献

注释采用页下脚注，分页连续编号。注释非引用原文者，注释前加“参见”；引用资料非原始出处者，注明“转引自”；数个注释引自同一资料者，可合并同注。

参考文献附于文后，连续编号。注码放在文章标点之后，注码符号为“［1］……”字体及字号：宋体小五号字，首行缩进。

（一）著作类

1. 独著作品

董安生．民事法律行为［M］．北京：中国人民大学出版社，2000：19－22.

2. 合著作品

徐明，李明良．证券市场组织与行为的法律规范［M］．北京：商务印书馆，2002：10.

3. 多人合著作品

左卫民，等．可持续发展与环境资源法制建设［M］．北京：中国法制出版社，2003：214－216.

4. 编辑作品

国务院研究室编写组．十三届全国人大一次会议（政府工作报告）辅导读本（2018）［M］．北京：中国言实出版社，2018：65－67.

（二）论文类

1. 期刊

谢庚．新三板服务中小微实践［J］．中国金融，2018（19）.

2. 论文集

（1）公开发行类

尹田．论动产善意取得的理论基础及相关问题［M］//民商法论丛（第29卷）．北京：法律出版社，2004.

（2）非公开发行类

李文超，李明红．新形势下乡土法官调解模式的检视与完善——从人民法庭家事纠纷的微观角度［C］．最高人民法院第二届人民法庭论坛论文集，2017.

3. 学位论文

王刚．西方各国金融系统演进和功能的制度分析——兼论我国金融系统的改革［D］．长春：吉林大学，2004：189.

（三）译作类

亚当·斯密．国富论［M］．唐日松，等译．北京：华夏出版社，2005：224.

（四）报纸类

郑志刚．CDR：只是刚刚吹响上市制度改革的号角［N］．经济观察报，2018-04-16.

（五）辞书类

沃克．牛津法律大辞典［M］．北京社会与科技发展研究所，译．北京：光明日报出版社，1988：68.

（六）外文类

遵从该文种注释惯例。英文注释体例如下：

1. 著作类

Harold U. Faulkner. American Economic History ［M］. Harper & Brothers Publishers, 1960：23-25.

2. 论文类

Gavin Goh & Andreas R. Iiegler, Retrospective Remedies in the WTO after Automotive Leather ［J］. Journal of International Economic Law, 2003, 9.

（七）网络类

梁慧星．关于中国物权法的起草［EB/OL］．［2009-08-08］．http://article.chinalawinfo.com/article/user/article_display.asp?ArticleID=29283.

七、其他要求

（一）关于文章中的外文词语

1. 文章正文中第一次出现的外文词语，请不仅要标注出中文译义，并写全外文单词。

2. 图表中的图标、表头与单位等请用中文词汇。如引用外文，请标注中文译义。

（二）关于文章引用法律法规条文

1. 发布与实施的时间及发文单位要正确。

2. 法律法规的名称及引文内容要准确无误。引用具体法律法规、规范性文件应当加用书名号，首次引用应当使用全标题，如《中华人民共和国证券法》《中国证监会关于进一步推进全国中小企业股份转让系统发展的若干意见》。

3. 法条或文件内容序号（第×条、第×款、第×项）、时间（世纪、年代、年月日等）、数量金额等使用阿拉伯数字，但直接引用原文的从原文。

（三）关于图表

1. 文中若出现图表，内文中应提到“见表1……”或“见图1……”。

2. 图表中如有数字，请注明单位，图表中的图标、表头与单位等请用中文词汇。

3. 请注明图表的数据来源。

（四）关于统计百分比数据

含有百分比的数据要四舍五入精确到0.01%，各占比部分相加之和的误差小于或等于0.01%。